MUÉVETE

Soluciones fundamentales para salir de
tu cabeza y seguir adelante

Windy Elstermeier

Pivotal Solutions

Tabla de contenido

Introducción

¡Léelo y luego léelo de nuevo!

Después de leer este libro, te sentirás inspirado/a y motivado/a para ser poderoso/a en tu propio espacio. Te daré soluciones fundamentales en 3 a 5 pasos para derribar las barreras en tu camino. Podrás usarlos para llevar tu vida al siguiente nivel. Mirarás hacia atrás en un año y estarás orgulloso/a del progreso que has logrado.

Estoy escribiendo este libro para ti porque tú importas.

Podrías estar sintiéndote:

- Víctima de tu propio diálogo interno negativo.

- Atrapado/a en un mundo de dolor e ira.

- Con miedo al fracaso.

- Como que todo es imposible.

Tú podrías:

- Necesitar un ajuste de actitud.

- Necesitar ayuda.

- Estar pasando demasiado tiempo centrado en lo que otros tienen o en las injusticias de la vida.

- Necesitando construir seguridad financiera.

Es posible que tengas problemas para:

- Creer en ti mismo/a.

- Ver el valor que aportas.

- Pedir lo que quieres.

- Encontrar la fortaleza dentro de ti

mismo/a.

Todos tenemos cosas que nos frenan. Una vez que leas este libro sobre mis éxitos y fracasos, y cómo podrían aplicarse a tu vida, podrás utilizar estas soluciones fundamentales que te proporcionaré para salir de tu propio camino y desarrollar la confianza para comenzar a avanzar hacia la realización de tus sueños.

Espero conocerte algún día y que puedas compartir conmigo tu historia y las cosas que cambiaste que te dieron el poder de seguir adelante.

Este libro no es una lectura de una sola vez. Está diseñado como una guía para ayudarte.

Recomiendo utilizarlo de una manera que realmente haga una diferencia para ti. Eso podría ser leyéndolo una vez y luego retrocediendo y volviendo a encontrar el capítulo o los capítulos que sean significativos para ti, y practicándolos en tu vida diaria; o leyendo un capítulo a la vez y dándote entremedio algo de tiempo para poner en práctica lo aprendido.

Necesitarás:

- Prestar atención a lo que estás haciendo y cuándo.

- Aprender y practicar cómo administrarlo.

- Reflexionarlo.

- Darle las vueltas necesarias.

- Tomar lo que aprendas de este libro e ir obteniendo experiencias del mundo real.

- Es posible que debas profundizar en un área específica y leer más libros sobre ese tema.

Te dará una ventana a través de la que verás que todos somos seres humanos defectuosos y todos necesitamos ayuda y apoyo. Concédete gracia.

A mis lectores,
Gracias

Cap. 1: Sal de tu propio camino.

¡Lo único que te frena eres tú!

Diálogo interno sostenido

Trabajé para una de las más prestigiosas y mejores posicionadas empresas de mi país y estábamos en un avión corporativo que volaba a Georgia para abrir nuestra sucursal número 200. Estaba escuchando un artículo sobre el diálogo interno. Decía que escribieras todas las cosas terribles que te decías a ti mismo en tu cabeza. Ponerlo en papel.

Pensé "está bien, puedo hacer eso".

No pensé que fuera gran cosa. Yo era una mujer de carrera muy exitosa, después de todo estaba en un jet corporativo, y soy también una persona bastante positiva.

Saqué mi teléfono celular, abrí mi aplicación de notas y comencé a escribir las cosas que me preocupaban en mi cabeza.

Tómate un minuto y encuentra algo para escribir. Si tienes la copia en papel de este libro, tienes una página de notas después de cada capítulo para comenzar. Ahora, haz una lista y date unos minutos para enumerar todas las cosas que se te ocurran.

Mi lista fue algo como esto.

- Mis pantalones no hacían juego.

- Mi collar era demasiado largo.

- Me huele mal el aliento.

- Mi trasero es demasiado gordo para el asiento.

- Puede que tenga ganas de orinar.

- Estas personas me trajeron por lástima.

- Realmente no merezco estar aquí.

- Mi cabello no está lo suficientemente limpio.

- Es posible que se noten mis rollitos.

- Me pregunto qué estará pensando mi jefe.

- Nadie está hablando. ¿Debería estar hablando?

Descubrí que la lista no sólo era impactante sino increíblemente vergonzosa. La lista seguía y seguía. No podía creer todas las cosas negativas que flotaban en mi cabeza. ¿Cómo diablos logré hacer algo con todo lo que estaba pasando? Mientras escribía las cosas en mi cabeza, rápidamente comencé a desacreditarlas.

Desacreditar significa "exponer la falsedad o el vacío de un mito, idea o creencia".

Un lado de la página era la mierda en mi cabeza y el otro lado la realidad o una solución. No podía creer todas las cosas malas que me decía a mí misma. Yo era un matón que me decía cosas horribles a mí misma. Si no has hecho este ejercicio. ¡Hazlo! Lo digo en serio. ¡Escríbelo! Luego quizás podrías quemarla. Porque será una lista horrible que nunca querrás que nadie más lea.

Así es como se ve la desacreditación.

- Mis pantalones no hacían juego. – Llevaba una camisa blanca. Todo combina con el blanco.

- Mi collar era demasiado largo. – A nadie le importa el largo de tu collar y si pensaras que era demasiado largo no lo habrías usado. Está bien.

- Me huele mal el aliento. – Eso no es posible porque ya usaste mentas para el aliento, así que deja de preocuparte por eso.

- Mi trasero es demasiado gordo para el asiento. – Ya estoy en el asiento, y ya estamos en el aire, así que ya ni siquiera importa.

- Puede que tenga ganas de orinar. – Solución: ¡Solo aguanta!

- Estas personas me trajeron por lástima. – Una empresa de prestigio no perdería el tiempo o el dinero con alguien en un avión sin motivo alguno. Además de eso, sé que agrego valor y hago la diferencia cada vez que entro a una tienda.

- Realmente no merezco estar aquí. – Te abriste camino, desde que eras ayudante de temporada de medio tiempo hasta ser gerente de tienda y de allí a la oficina corporativa, impactando cientos de tiendas; y también has ayudado a tu equipo en la oficina corporativa a aprender cómo comunicarse con las tiendas como receta para el éxito.

- Mi cabello no está lo suficientemente limpio. – Te duchaste. Relax.

- Es posible que se noten mis rollitos. – ¡Sí, y los de todos los demás también!

- Me pregunto qué estará pensando mi jefe. – No es tu asunto.

- Nadie está hablando, ¿debería estar hablando yo? – No. El silencio está bien.

Este es un paso tan importante para seguir adelante con tu vida. Tienes que entender exactamente dónde te estás saboteando. Tienes que empezar a escucharte.

Pasos fundamentales para eliminar el diálogo interno negativo

Paso 1: Escucha tu diálogo interno negativo.

Paso 2: Escríbelo y desacredítalo. O, en caso de ser cierto, decide si se trata de una cosa sobre lo que puedes hacer algo o no.

Paso 3: Escúchalo, para que puedas controlarlo.

Por supuesto, éstas son sólo las cosas en tu cabeza que nunca dices en voz alta y tal vez ni siquiera te diste cuenta de que te las estabas diciendo a ti mismo/a. Has tenido todo esto en tu cabeza durante tanto tiempo que estás acostumbrado/a y nunca lo has confrontado. A veces, para desacreditar o confrontar tu diálogo interno, debes comenzar a identificar de dónde proviene.

Por ejemplo: en mi diálogo interno negativo dije que no merecía estar aquí. Me dijeron cuando era joven en mi carrera que nunca podría ser promovida porque no tenía un título universitario. He sido ascendida varias veces desde entonces y llegué a un nivel muy alto en la empresa; sin embargo, eso todavía estaba colgando en la parte posterior de mi cabeza. En realidad, era lo más importante, y ni siquiera me di cuenta.

A veces hay que cavar un poco más profundo. Si sientes que no puedes hacerlo tú mismo/a, busca a alguien con quien hablar.

Conversación verbal con uno mismo/a.

También existe el diálogo interno verbal. Del tipo que dices en voz alta para burlarte de ti mismo/a o para describirte negativamente.

"Soy un desastre".

"Soy tan descuidado/a".

"Nunca llego a tiempo".

"Estoy gordo/a."

¡¡Detente!!

Deja de decirte a ti mismo/a y a los demás que eres todas estas cosas. Estás entrenando a tu cerebro para que crea en ellas y, a su vez, inspirando otras más. Es sorprendente lo duro que trabajamos para alcanzar nuestras metas y cuánto autosabotaje creamos en el camino.

Estaba almorzando un día con una mujer increíblemente inteligente y talentosa. Tenía un título en agricultura y se la veía muy entusiasmada con su negocio. Estaba embarazada de 9 meses y trabajaba en su negocio de alquiler de pollos. Sí, dije que alquila pollos para ganarse la vida. Estábamos en un café y ella estaba sentada al otro lado de la mesa, frente a mí. Tenía ese brillo propio del embarazo. Era lunes y tenía fecha para dar a luz el miércoles. Ella me explicaba cómo le encantaba ver a los niños entusiasmarse tanto con sus pollos y cómo se les iluminaba la cara cuando corrían hacia ellos. Los padres le alquilaban pollos durante un par de meses y ella proporcionaba el gallinero, la ropa y todo lo que necesitaban para cuidar a esos pollos. Me compartía sobre su esposo, que es ingeniero, y que él también estaba mejorando los diseños del gallinero para ella. La veía muy orgullosa y me sentía súper inspirada de que alguien pudiera verse tan apasionada sobre alquilar pollos. Luego me comentó que en este momento tenían demasiados huevos y deseaba poder asociarse con una panadería local para usar sus huevos frescos de granja. Comenzamos a hablar sobre una pequeña y agradable panadería local al final de la calle y ella estaba muy emocionada con la idea. Ambas estábamos felices de haberle encontrado una solución.

Entonces sucede.

Era como ver las nubes de tormenta agrupándose.

La sombra de la duda comenzó a formarse en su rostro y su expresión se volvió oscura, y me dijo: "No creo que podamos satisfacer su demanda".

Solo la miré. Me quedé sin palabras por un momento. Ni siquiera podía creer lo que había sucedido.

Fue una muestra tan impresionante de autosabotaje.

¡Wow! Aquí estaba esta increíble mujer, a punto de tener su primer bebé en dos días, hablando de su gran negocio de alquiler de pollos, y de repente se convenció a sí misma de no seguir adelante. Se convenció a sí misma de que no funcionaría en cuestión de segundos.

Todos hacemos eso... Entonces, ¿cómo paramos? ¿Qué nos hace hacer esto?

Primero tienes que entender que haces eso para protegerte. A veces es porque tenemos ansiedad, baja autoestima, depresión, o el ambiente en el que te criaron. Nos sentimos inseguros; que no somos lo suficientemente especiales o inteligentes. Si no nos ponemos ahí afuera, no podemos lastimarnos o no fallaremos. Naturalmente, queremos protegernos de las cosas que dan miedo, son diferentes, inciertas o desconocidas.

Hablemos de cómo te detienes.

Admitir que lo estás haciendo.

Me estaba haciendo las pestañas y hablando con mi esteticista. Estábamos hablando de personas que se menospreciaban y yo había hablado por teléfono con ella más temprano y le había dicho: "Hoy soy un desastre".

Después de colgar el teléfono, pensé "eso no es cierto". No soy un desastre. Solo llegué tarde.

Verás, ya nos habíamos comprometido a tratar de mejorar en el diálogo interno.

Ella también, siempre me decía lo desordenada que era, y recalcaba: "Soy un desastre".

Entonces, en esta conversación, le estaba diciendo sobre esto, que estaba tratando de no hacer eso más y de mejorar mi diálogo interno.

Inmediatamente me dijo que conocía a una chica que decía cosas negativas sobre sí misma todo el tiempo.

Pensé "bueno, tú también lo haces todo el tiempo", pero no se lo dije.

Solo usé mi ejemplo de cuando se lo dije sobre mí misma más temprano.

Luego ella preguntó: "Bueno, ¿soy un desastre?".

Ambas nos reímos. Dije sí. Y entonces admitió: "Supongo que yo también lo hago todo el tiempo".

Mi punto es... Tienes que empezar a observarlo para descubrirte haciéndolo. Tienes que escuchar tu diálogo interno negativo cuando comienza a colarse.

Pasos fundamentales para eliminar el diálogo interno negativo

Paso 1: Escucha tu diálogo interno negativo. Cosas que te dices a ti mismo/a y a los demás. Presta atención a tu diálogo interno negativo cuando comienza a colarse en tu cabeza. Escucha lo que dices sobre ti en voz alta también. ¿En qué te dices a ti mismo/a que no eres bueno/a? Ejemplo: "Soy horrible en matemáticas". La realidad es que probablemente estés en el promedio. Puedes usar una calculadora en tu teléfono como todos los demás, a menos que todavía estés en la escuela. Ya no hay razón para decir eso.

Haz una lista de cosas en las que te hayas encontrado diciéndote que eres malo/a. Tómate unos minutos para escribir todas las cosas que se te ocurran.

Si al principio te resulta difícil darte cuenta, empieza a escuchar lo que dicen los demás sobre sí mismos, en lo que creen que son malos, y escríbelo. Esto te ayudará a empezar a atraparte a ti mismo/a.

Paso 2: Luego de escribirlo o decirlo en voz alta, desacredítalo.

Cosas como "estoy gordo/a", "siempre llego tarde", "siempre estoy cansado/a".

Bien, ahora que has hecho tu lista, comencemos a desacreditar las cosas que menciona. Escribe por qué esas cosas no son ciertas, o qué estás haciendo para cambiarlas o arreglarlas, para que te sientas mejor.

Paso 3: Ahora detente y corrígete cada vez que empieces a hablar así de ti mismo/a.

Por ejemplo:

- Diálogo interno negativo: "Siempre llego tarde". Autocorrección: "Estoy trabajando para llegar a tiempo".

- Diálogo interno negativo: "Soy un desastre". Autocorrección: "Soy organizado/a y hago malabarismos con muchas cosas importantes en mi vida".

- Diálogo interno negativo: "Siempre estoy pobre o me falta dinero". Autocorrección: "Estoy pagando todas mis facturas y tengo dinero para gasolina, es suficiente por ahora".

Todas estas cosas que decimos en nuestras cabezas y en voz alta sobre nosotros mismos controlan lo que somos o no somos capaces de hacer. Cuanto más nos menospreciamos, más limitados nos volvemos en la vida.

No podemos mudarnos a una casa nueva,
o adquirir un auto nuevo, o conseguir
el ascenso que queremos, o lograr las
ventas que deseamos porque nos lo estamos
quitando a nosotros mismos antes de tener
la posibilidad de intentarlo. Nos estamos
privando de oportunidades en nuestras
vidas. Puedes ponerte en una posición para
comenzar a moverte hacia lo que quieres en
la vida, acallando el diálogo interno negativo
y reemplazándolo con cosas positivas sobre
ti o cosas en tu vida por las que estás
agradecido/a.

Así es como empiezas a salirte de tu propio
camino.

Cap. 2: ¡Déjalo ir!

Ponte físico para mover tu cerebro hacia adelante

¡Si estás enojado/a, estás perdiendo el tiempo! Sí, lo dije. Si estás enojado/a, estás desperdiciando tu vida. Si estás triste, lo siento, y estás desperdiciando el poder de tu cerebro.

Ahora, sé que no es una forma muy suave de poner las cosas. Está bien, es súper duro. Lo sé. Cuando nos enojamos, nos entristecemos o nos sentimos heridos, simplemente pensamos en eso una y otra vez. Le damos mil vueltas e imaginamos tantos resultados diferentes. Lo que hicimos o dejamos de hacer. A veces reescribimos la historia para adaptarla a una mejor narrativa. No importa. Toda esa ira y frustración está ocupando espacio y tiempo en tu vida. Literalmente te está chupando la vida el estar enojado/a o triste. Pase lo que pase, todo el tiempo que dedicamos a pensar en ésto es una pérdida de tiempo.

Las cosas que van mal, que no podemos cambiar o arreglar. No hay respuestas correctas, y es difícil incluso saber con quién o con qué enfadarse. La situación es muy frustrante y consume tu cerebro. Sueñas con eso. Te despiertas pensando en eso. A los pocos minutos de despertarte, puedes sentir el enojo burbujeando en ti. Tus puños comienzan a cerrarse y estás tan abrumado/a que no sabes si llorar o romper algo... Ninguna de las dos es una buena alternativa.

Sigues reproduciendo la situación una y otra vez, y tal vez incluso reescribiendo en tu cerebro lo que dijiste o cómo lo manejaste en el momento. Sin embargo, nada de eso realmente importa. No hay nada que puedas hacer sobre lo que pasó. No importa cuánto lo repitas en tu cabeza, ya no puede cambiarse. La mayoría de las veces no puedes entender o dar sentido a lo que pasó. Es posible que te esfuerces tanto por resolverlo que te duela la cabeza.

¡Detente! No va a funcionar. No puedes reescribirlo mientras le das vueltas en tu cerebro un millón de veces. No puedes modificar el pasado. No funciona de esa manera. Es muy posible que ni siquiera puedas hacer que duela menos.

¿Alguna vez has escuchado la frase "Aferrarse a la ira es como beber veneno y esperar que la otra persona muera", de Gautama Buddha?

Encuentro que el trabajo físico ayuda a que tu cerebro funcione en la dirección correcta. También encuentro que el trabajo físico, como arrancar malezas, también ayuda en la crianza de los jóvenes adolescentes. De todos modos, eso es para otro libro. Estás aprendiendo en este libro cuán importante es enfocar tu mente para alcanzar tus metas y avanzar en la vida.

Si te enfocas en todo el dolor y la ira de tus experiencias, te resultará extremadamente difícil moverte. Yo digo deja de pensar y empieza a moverte. Me refiero a moverte físicamente. Ve a limpiar el garaje u organiza tu armario. Haz físicamente al menos una pulgada cuadrada de espacio en tu vida mejor, más limpio o más organizado. Luego usa ese gran sentimiento de logro para guiar tu mente para que te impulse hacia adelante.

Cuando rememoramos una y otra vez algo que no podemos cambiar o arreglar, estamos dando un mal uso a todo ese valioso espacio de tu cerebro que toma las decisiones más importantes de tu vida. Tenemos cosas que hacer en nuestra vida y las cosas que se supone que debemos hacer también ayudarán a otros. Tenemos que encontrar maneras de salir de nuestras cabezas y hacer nuestra parte.

Los ejemplos que estoy usando en este capítulo pueden ser mucho más ligeros que el dolor o la tristeza con los que estás lidiando en tu vida. Por favor, comprende que no pretendo minimizar lo que te está pasando.

Sofía

Sally tenía una hija de 25 años. Ella y su hija eran cercanas. Su hija venía a cenar 2 noches a la semana a su casa y hablaban todos los días. Entonces, un día, su hija decidió que quería espacio y ya no quería a su madre en su vida. Sally estaba triste y desconsolada.

La conclusión es que no hay nada que Sally pueda hacer para cambiar lo que quiere su hija. Sally solo puede controlar su propia vida. Sally no puede dedicar todo su tiempo a concentrarse en lo que sucede o no con su hija. Su hija es adulta y Sally, que es una gran madre y persona, tiene su propia vida para vivir.

Sally marca una diferencia significativa en su comunidad y en varias personas a su alrededor que son mejores por tenerla como parte de sus vidas. Si Sally se consume en la tristeza, no solo impide que su propia vida avance, sino que su comunidad, amigos y familiares también pierden.

José

Mark trabajó para una empresa durante 5 años y tenía muchas esperanzas de obtener el próximo ascenso. Había hecho grandes ventas y estaba teniendo un impacto significativo dentro de la empresa.

Un día, llegó al trabajo y su jefe lo llamó a su oficina.

Mark estaba emocionado. ¡Pensó que se trataba de sus grandes ventas!

El jefe de Mark lo sentó y le dijo que la empresa se estaba reduciendo, y que estaban realineando su departamento.

Desafortunadamente, eso significaba que Mark ya no tenía un lugar en la empresa.

¡Mark estaba tan enojado! ¡Sentía como si las personas que creía que lo apoyaban le hubieran dado la espalda!

Se sentía inútil. Estaba tan confundido. No dejaba de pensar en lo que podría haber hecho y lo que debería haber dicho.

La verdad es que no tuvo nada que ver con Mark. El dueño de la empresa había hecho malas inversiones. Por supuesto, Mark nunca lo sabría. Todos los días y semanas que Mark pasó dando vueltas a esta situación en su cabeza y estando enojado paralizaron su vida. Nada de eso fue su culpa. Todas las semanas que pasó triste, enojado y dejando que el resto de su vida fuera cuesta abajo, estaba perdiendo la oportunidad de abrirle la puerta a cosas mejores.

Ahora, comprende que, si estás lidiando con la pérdida de alguien cercano, siempre puede doler. Una de las mejores maneras de lidiar con el dolor es moverse. Me refiero literalmente a moverte. Levantarte de la cama. Salir de la casa. Obligarte a sonreír. Es un hecho comprobado que el acto físico de sonreír comienza a hacerte sentir mejor incluso cuando es fingido. Ciertamente no soy una consejera profesional y afirmo absolutamente que, si no puedes manejar tus emociones por ti mismo/a, debes conseguir algún tipo de ayuda profesional. Podría ser un médico, un consejero o un coach de vida. Este libro de ninguna manera pretende reemplazar ese tipo de ayuda o apoyo.

Lo que estoy tratando de transmitir es que avances en tu vida, para mejorar tu situación. Tendrás que dejar ir ese dolor y esa ira para que puedas hacer espacio para los pensamientos positivos, que son los que comenzarán a impulsarte en la dirección correcta.

Tampoco estoy diciendo que no debas enojarte si alguien te ha hecho mal. Es esa ira la que te protege de permitir que otra persona haga lo mismo. Pero, de nuevo, tendrás que soltar algo de peso para poder moverte.

Lo que pasa con la ira, las frustraciones y la tristeza es que nos hacen sentir impotentes. Consumen tu cerebro para que no puedas encontrar soluciones. Hace que todo parezca imposible a tu alrededor. Te hacen sentir inútil, o creer que no hay salida, o que no hay nadie que te ayude.

Cuando estoy herido/a o enojado/a por algo importante en mi vida, tengo que decirme a mí mismo/a: "Deja de pensar en esa persona o situación". No hay nada que pueda hacer para cambiarlo. Necesito concentrarme en mi vida ahora y en lo que quiero hacer.

A veces, por las mañanas, tengo que despertarme y obligarme a decir por qué estoy agradecida, para no ir directamente a lo que me frustra.

Pasos fundamentales para ayudarte a dejar ir y hacer espacio

Paso 1: Reconoce que está consumiendo tu cerebro.

Esta es una fácil. Por lo general, sabemos cuándo una tristeza o un enojo está consumiendo nuestro cerebro.

Paso 2: Encuentra las horas del día o los días de la semana cuando es peor.

Es como cuando estás tratando de perder peso. El médico le dice que anotes todo lo que comes. Bueno, toma nota de cuándo esos pensamientos empeoran. Para mí es por la mañana. Para ti podría ser de noche.

A medida que identificas los peores momentos del día o incluso los peores días de la semana, puedes comenzar a prevenirlos. Únete a un club de lectura por la noche, sal a caminar con tu perro al parque por la mañana. Haz algo que te haga sentir bien durante esos momentos.

Paso 3: Muévete, agrega un nuevo hábito.

Una vez que hayas encontrado los peores momentos, puedes reemplazarlos con algún tipo de actividad física.

Por ejemplo:

Estoy peor en la mañana cuando tengo algo triste o hiriente girando en mi mente. Empecé a ir al gimnasio por las mañanas. Esto obliga a mi cerebro a averiguar qué debo ponerme, lo que necesito llevar y luego lo que voy a hacer allí.

Esta actividad reemplazó todas las otras cosas negativas que habían tomado ese tiempo y espacio. También tiene el beneficio adicional de que es bueno para mí.

Tenía más momentos así durante el día, para llenar y cambiar mi forma de pensar, que sólo por las mañanas. Me uní a un grupo de servicio comunitario, comencé a tomar lecciones de canto, me uní a clases de defensa personal, incluído el entrenamiento con armas de fuego, y un equipo de kickball. En realidad, la lista seguía y seguía.

Paso 4: Respira hondo y piensa en las cosas por las que estás agradecido, o las cosas positivas y personas importantes en tu vida.

Hay libros completos sobre este tema y si necesitas ayuda para dejar de lado la ira o la tristeza, habla con un profesional. Consigue toda la ayuda necesaria. Una vez que recibas ayuda y comiences a dejarlo ir, dentro de 6 meses ni siquiera creerás cuánto habrá cambiado tu vida. Necesitas ese espacio y poder mental.

Cap. 3: La Gran F

Lidiando con el miedo al fracaso

Fracaso

Me encanta visualizar una imagen mía cayendo con la cara clavada en la nieve. Hace frío y duele un poco. No me gusta, pero estoy bien. Yo lo llamo caer hacia adelante.

Cuando tenía poco más de 20 años, era terca y tenía un gran ego, especialmente acerca de poder seguir el ritmo de mis 3 hermanos. Pensaron que todos deberíamos ir a esquiar. Vivíamos en un pueblo que estaba casi en una montaña, así que en lugar de jugar al fútbol nos íbamos a esquiar. En el camino hacia la montaña, mi hermano Lance, que tenía casi mi edad, nos convenció a mí y a mi hermano menor, Landon, de que deberíamos hacer snowboard en lugar de esquiar porque era mucho más divertido. Nuestro hermano mayor, Chuck, que era unos 10 años mayor que yo, no quería. Insistió en quedarse a esquiar. Cuando llegamos allí, mis dos hermanos, mi novio y yo compramos tablas de snowboard y nos dirigimos a la cima de la montaña.

Llegamos a la cima y le preguntamos a Lance: "¿Cómo funciona esto?"

Nos miró a todos con nuestras tablas de snowboard y dijo: "Realmente no sé, sólo lo he hecho una vez".

Luego despegó en su tabla montaña abajo. Bueno, en ese punto, la única forma de realmente bajar de la montaña era deslizarse. Así que eso es lo que hicimos. En un minuto, estaba plantada boca abajo en la nieve con una tabla de snowboard atada a mis botas y no tenía idea de cómo usarla.

Todavía cerca de la cima. Me enojé y traté de darle la vuelta. No consideré que mis pies estaban trabados en su lugar y cuando me volteé, escuché un crujido en mi tobillo e instantáneamente sentí dolor.

Estaba tan enojada. Me senté allí y lloré por un minuto, y luego me di cuenta de que no había nadie más a mi alrededor y que estaba sentado sola en una montaña de nieve, además de que de alguna manera todavía tenía que bajar la montaña. Eso fue patético y ciertamente no estuvo a la altura de los chicos.

No había muchas opciones para bajar de esa montaña. Todo lo que podía pensar era que no iba a ser la chica que resultó herida de inmediato. Mis hermanos nunca me dejarían en paz y no me dejarían ir con ellos la próxima vez. Apreté mi bota y decidí que iba a hacer lo que pudiera para encontrar la forma de bajar. Me deslicé sobre mi trasero por un rato, pero eso me estaba tomando una eternidad y no tenía tanta paciencia. Entonces, me atreví a pararme en mi tabla nuevamente y comencé a deslizarme. Fue mucho más rápido que deslizarme sobre mi trasero. Continué cayendo y levantándome y haciendo snowboard un poco más lejos y más rápido cada vez. Tuve algunos momentos de parpadeo en los que sentí que en realidad estaba haciendo snowboard.

En algún momento hice todo el camino de regreso al albergue, que tenía un bar. Encontré a mi hermano mayor allí también. No le dije que me había lastimado, simplemente me senté y pedí un Jack con Coca-Cola.

Resultó que sólo había pasado una hora y teníamos el resto del día antes de que los otros chicos terminaran, y yo no quería sentarme allí todo el día, así que volví a subir la montaña. Pasé las siguientes 5 horas haciendo snowboard. Me encontré con mis hermanos en la montaña varias veces y, en general, tuve un buen día. Era el día anterior a la víspera de Año Nuevo y me había torcido el tobillo, así que una vez que me quité la bota no podía caminar ni soportar ningún peso y mi novio tuvo que llevarme al bar en la víspera de Año Nuevo.

Todos nos equivocamos. Especialmente cuando estamos aprendiendo cosas nuevas, nos equivocamos aún más. Todos nos equivocamos a veces.

Solía decirles a mis empleados: "Si no estás arruinando nada, no estás haciendo lo suficiente".

Aprendes tus lecciones más valiosas al equivocarte.

¿Sabías que J.K. Rowling fue rechazada por 12 editores antes de que alguien aceptara publicar Harry Potter? Ahora dicen que su patrimonio neto supera los mil millones de dólares.

Lo interesante del fracaso es que nos abre otras puertas. Aprendemos cosas y conocemos gente.

Somos capaces de contar nuestras historias de una manera que conecta con los demás. Es una parte de nuestras experiencias lo que nos hace especiales. No puedes dejar que una sola cosa decida tu autoestima o tu éxito. Tienes que mirar el panorama general.

Cuando era co-gerente de una tienda minorista grande, ayudé a resolver varios problemas en tiendas en el área de Tulsa, Oklahoma. Hice un trabajo tan bueno que me ascendieron al equipo de mercado.

Mi trabajo consistía en supervisar las áreas express de servicios automatizados de la tienda en 11 locales del mercado. Disfruté mi trabajo. Llevaba unos 4 meses en el puesto y estaba marcando una diferencia real. Teníamos un gran equipo de mercado y los respetaba.

Una noche llamaron a todo nuestro equipo y nos dijeron que no podíamos ir a la oficina hasta las 10 de la mañana del día siguiente. A la mañana siguiente, un par de nosotros fuimos a desayunar mientras esperábamos. Había una verdadera tristeza en el aire.

Todos teníamos miedo de perder nuestros trabajos. Bueno, los otros lo tenían.

Yo estaba segura de que eso no podía sucederme realmente. Había trabajado para esta empresa durante 10 años y había hecho cosas asombrosas, hasta había mudado a mi familia por todo el país desde Spokane, en Washington, a Tulsa, Oklahoma. Allí habíamos construido una casa y creíamos que estábamos viviendo el sueño. Estaba trabajando con las personas más inteligentes que jamás había conocido. Todos eran tan talentosos y me sentía afortunada de ser parte de este equipo. Simplemente no había forma de que la compañía dejara ir a tan gran talento.

Terminamos de desayunar y fuimos a la oficina. Y uno a uno nos fueron sentando y anunciándonos que ya no teníamos trabajo.

Tuvimos que entregar las computadoras portátiles y los autos de la empresa, y otra daga fue cuando me pidieron la placa con mi nombre. Decía *10 años* y tenía mis pines y cosas que había coleccionado con el tiempo. Era como si me quitaran una parte de mí. Sentí que mis ojos se agrandaban mientras observaba incrédula. Era como si estuviera viendo una película desde afuera, demasiado increíble para ser real.

Todavía estaríamos empleados durante un par de meses para tratar de encontrar algo más en la empresa, pero a partir de ahí no podíamos volver a la oficina. Eso fue todo después de 10 años de servicio ejemplar. No estoy segura de que haya palabras para describir cómo me sentí. Tenía lágrimas en los ojos, pero me negué a llorar. No le iba a dar a nadie la satisfacción de verme llorar. Podía sentir el dolor en mi estómago y mi puño estaba apretado como para darme fuerza. Me escoltaron fuera del edificio; explicaron que era sólo política. Estoy segura de que puedes imaginar cómo me estaba sintiendo. Estaba dividida entre sentir que no valía nada y que era desechable, estar enojada con la compañía y estar triste porque alguien de nuestro equipo había sido elegido para darnos a cada uno de nosotros esta horrible noticia.

Mientras me adaptaba mentalmente a lo que sucedió y trabajaba para volver a ponerme de pié, alguien me dió este consejo que se me quedó grabado.

Sacó un billete de $20 de su bolsillo y dijo:

- "¿Qué es esto?"

- "Es un billete de $20", dije un poco cortante e irritada con él por estar haciéndome una pregunta tan estúpida.

Luego lo arrugó y lo arrojó al suelo y luego lo pisó y lo estrelló contra la tierra. Lo frotó muy bien. Acto seguido, lo recogió, lo estiró y dijo:

-"¿Qué pasa ahora?"

Ahhh... Mis cejas se levantaron, y esbocé una media sonrisa. Sentí alivio cuando respondí.

-"Sigue siendo un billete de $20".

¡Wow!

Él dijo: "La gente ventajera puede usarte y arrugarte e incluso tirarte a la basura, pero sigues siendo un billete de $20. Nunca olvides eso".

Fue increíble cómo esos 5 minutos de repente me hicieron sentir que valía algo de nuevo.

Comparto esta historia contigo porque todos fallamos todo el tiempo. Es parte de la vida. Cómo manejamos nuestros fracasos es lo que realmente importa. Se trata de recordar que siempre estás cayendo hacia adelante. Incluso si fallaste esta vez, sabes más que la última vez. No te permitas reflexionar sobre tus fracasos o defectos. Apláudete a ti mismo por lo increíble que eres y sigue adelante. Continúa avanzando con la misma confianza con la que comenzaste. Bueno, o incluso más, porque ahora eres más inteligente.

Leí un libro sobre negociación salarial y estaba decidido a intentarlo en mi próxima reunión de evaluación con mi jefe. Me puse en modo audáz y me preparé; pedí lo que quería, exhibí razones sólidas y evidencia de mi trabajo y por qué valía la pena. Todo iba bien hasta que mi jefe dijo:"¡Eso es más de lo que gano!".

No lo había tenido en cuenta.

¡Fracaso épico!

Eso estuvo bien, aprendí que necesito comprender cuánto están dispuestos a darme, para que mi pedido pueda tener éxito. Obviamente, mi jefe no me daría un aumento mayor que su salario, pero si hubiera estado en el rango entre nosotros, podría haberlo obtenido. Después de esa lección, pude asegurar algunas buenas negociaciones salariales y aprendí también que a veces no se negocia el pago sino otros beneficios, como paquetes de reubicación y tiempo libre remunerado.

La siguiente vez que la empresa me pidió que me mudara, y había llevado la negociación salarial hasta donde podía

llegar, pasé a los beneficios, como
mi paquete de reubicación. Era una
reubicación del nivel inferior y había 3
niveles, así que imprimí el superior y el mío
e hice una lista de las cosas que recibió
el nivel superior que yo no. Vi que tenían
mucho más espacio en los beneficios de
reubicación. Recibí todos los beneficios que
pedí.

"Tienes que fallar para tener éxito, pero si
no haces nada, no obtendrás nada".

Tienes que levantarte, desempolvarte y
seguir adelante. Sé que es más fácil decirlo
que hacerlo. La gente dice que los hombres
son mejores en esto que las mujeres y, a
veces, eso es cierto. A veces es más fácil si
usas un ejemplo.

¿Conoces a una persona que se equivoca a
menudo y no le molesta?

Esa persona es un gran ejemplo.

Me gusta usar la analogía en mi cabeza
para sacármelo de la espalda. De hecho,

me imagino una pelota grande y mi espalda arqueada, con ésta rodando hacia abajo. Eso suena un poco tonto, pero funciona para mí.

También me digo cosas como "Así se aprende". O a veces me cabreo y luego pongo mi cerebro a trabajar para descubrir cómo hacerlo de manera diferente.

Tuve que fallar para aprender más y continuar para tener éxito.

Henry Ford es uno de mis favoritos porque todavía tenemos, manejamos y compramos vehículos Ford hoy en día, además de que ni siquiera tenía mucha educación formal.

"El fracaso es simplemente la oportunidad de comenzar de nuevo, esta vez de manera más inteligente", de Failing for Success | Intellectual Ventures, Henry A. Ford.

Las dos primeras empresas automotrices de Henry Ford fracasaron. El primero lo disolvió la Junta Directiva y el segundo lo dejó por diferencias. Dos empresas diferentes en quiebra. ¡Eso sí que es presión!

Sería difícil iniciar una tercera empresa después de eso. Quiero decir que sería imposible si todo lo que hicieras fuera sentarte y enfurruñarte por tu fracaso. Todos estamos mejor porque él comenzó su tercera empresa. Todavía está afectando la vida de las personas cien años después.

Thomas Edison es otra gran historia sobre el fracaso.

"No he fallado, sólo he encontrado 1000 formas que no funcionarán". – Thomas A. Edison

Sus maestros pensaron que era estúpido y lo despidieron de sus primeros dos trabajos. Vió muchos fracasos. Sin embargo, terminó inventando la bombilla de luz eléctrica, el fonógrafo, las baterías y muchas cosas más que aún hoy forman parte de nuestra vida.

Tenemos que fallar. Tenemos que caer. Tenemos que errar el gol. Necesitamos el fracaso tanto como necesitamos el éxito. Al igual que usted necesita experimentar estar feliz y triste. Realmente no puedes apreciar ganar si nunca has perdido.

Mi hijo tenía 8 años y dijo: "Mamá, ojalá todos los días fueran Navidad".

¿Te imaginas si todos los días fueran Navidad? Estarías cansado de abrir regalos. No sería especial.

Él probablemente estaría diciendo "¿No podemos simplemente tener un día sin Navidad?".

La Navidad que sólo ocurre una vez al año es lo que la hace especial.

Además, aprendemos más de nuestros fracasos que de nuestros éxitos. El fracaso es parte del proceso. Es parte del viaje.

Así es como aprendemos a ser mejores. Así nos hacemos mejores unos a otros. Tienes valor para aportar a este mundo. Eres importante para las personas que te rodean y podrías ser importante para las generaciones posteriores.

Winston Churchill dijo una vez: "El éxito no es definitivo, el fracaso no es fatal; lo que cuenta es el coraje de continuar".

Pero el miedo puede ser paralizante. Puede hacer que te quedes en situaciones poco saludables en el trabajo o en las relaciones.

Siempre les digo a mis hijos: "Ten miedo, pero no dejes que eso te detenga".

Digo eso porque creo que un poco de miedo es bueno. Te empuja a hacerlo mejor, a estar más preparado, a obtener más ayuda. Cuando tu miedo llega a un punto en el que te impide moverte en la situación, entonces ya no es bueno.

Cuando tenía poco más de 20 años, era madre soltera. Trabajé para un gran minorista como gerente por hora y así me mantuve durante un par de años. Tenía muchas ganas de ser ascendida a gerente asalariada, pero tenía miedo de hablar y decirle a alguien. Seguí durante casi otro año haciendo el mismo trabajo deseando en mi cabeza que me ascendieran, pero demasiado asustada para hacer algo al respecto. No sólo no era bueno para mí, sino que tampoco le estaba dando lo mejor a mi hija.

Finalmente, un día me armé de valor y fui hacia mi gerente de mercado y le dije que quería ser Gerente Asalariada. Dijo que la próxima semana me enviaría a una prueba y vería cómo me iba. Me mandó a otro pueblo a hacer una remodelación de tienda. Ahí fue donde conocí a mi esposo, por cierto. Me fue muy bien allí y en los siguientes dos meses me ascendieron. De hecho, hice un trabajo tan bueno que me iniciaron alrededor de $6,000 al año más que los otros gerentes. Había dejado que el miedo me detuviera durante demasiado tiempo.

Decidí que iba a trabajar para no dejar que mi miedo me impidiera hablar más.

Uso otro truco que aprendí en los Entrenamientos de Dale Carnegie. Te enseñaban a preguntarte: "¿Qué es lo peor que puede pasar?". Una vez que hayas respondido al interrogante, acéptalo y prepárate para eso. Planifica cómo manejarlo. Entonces las cosas tienden a parecer menos aterradoras. La realidad es que rara vez se da el peor de los casos.

No tengas miedo de fallar. No te desanimes. Son tantas veces en las que busco dentro de mí para descubrir por qué no estoy haciendo algo y me doy cuenta de que es porque tengo miedo de fracasar.

Pasos fundamentales para lidiar con el miedo al fracaso

Paso 1: Haz una lista de las cosas en las que sientes que has fallado. Piensa en situaciones que no funcionaron.

Paso 2: Ahora toma cada una de esas cosas y escribe lo que aprendiste o cómo lo harías de manera diferente la próxima vez. ¿Hubo un resultado positivo? ¿Pasó algo durante esa situación por lo que hoy estás agradecido?

Paso 3: Tómate el tiempo para pensar en lo que temes que suceda si vuelves a intentarlo o si tomas acción/posición en una situación. A veces, solo escribir ésto hace que dichas cosas parezcan menos aterradoras.

Paso 4: "Ten miedo, pero no dejes que eso te detenga". Acepta y prepárate para lo peor, y luego sigue adelante. Escribe lo que temes y lo que vas a hacer que es bueno para ti. ¿Cómo va a hacer que tu vida avance?

Cap. 4: Paso a paso para salir del agobio.

Convierte tu círculo en un camino

¡Agobiado/a! Estoy tan abrumado/a... Es como si una vez que aprendiésemos esa palabra, pudiéramos simplemente decirla y luego... nada.

La palabra en sí significa literalmente "enterrado o ahogado debajo de una gran masa".

Todos tenemos momentos en los que nos sentimos abrumados.

Hay tantas razones por las que podemos estar sintiéndonos así... Trabajo, cambios de vida, mudanzas, nuevos empleos, nuevos jefes, escuela, cambios familiares, pérdida de un ser querido por distancia o fallecimiento, obligaciones sociales; simplemente por la vida en general. Todos nos sentimos abrumados, ansiosos o estresados en algún momento. Cuando te sientas así, date un respiro y sé amable contigo mismo/a.

Hay un número límite de situaciones que podemos manejar. Cuando las cosas cambian, pueden ponernos en un lugar en el que ya no tenemos suficiente tiempo o energía para manejar todas las piezas a la vez.

Voy a compartir los pasos que te ayudarán a salir de ese sentimiento pesado y a seguir adelante en tu vida. Si después de probar estos pasos aún no puedes resolver tu agobio, es posible que necesites más ayuda o apoyo con lo que te está pasando. Eso está bien y te animo a que busques el apoyo adicional que necesites. Consigue un consejero o encuentra un profesional con quien hablar.

Tú importas y ayudarte a avanzar en tu vida hará que todas nuestras vidas sean mejores.

Por lo general, sabes que estás abrumado/a porque estás frustrado/a o enojado/a o simplemente no te importa.

Está bien, pero ¿qué hacemos con esa sensación?

Sentirse agobiado es un problema, porque no te deja moverte ni hacer nada. Estás parado.

Respira profundamente.

Imagínate a ti mismo como uno de esos dibujos de palito y con un círculo dibujado a tu alrededor. Es como si estuvieras en medio de un círculo giratorio y no tuvieras salida. Ahora imagina a tu figura de palo alcanzando la parte superior del círculo y cortándolo con un par de tijeras, y luego colocando ese -ahora- cordón en línea recta frente a ti. De repente tienes un camino a seguir.

Para salir del agobio debes empezar por cortar el borde de ese círculo. Ahora ya no es más un círculo. Puedes colocarlo en línea recta para crear un camino que puedas seguir.

Tómate un minuto para imaginar eso.

Bien, ¿cómo hacemos eso? Eso suena fácil, pero hacerlo es otra historia. Tienes que empezar en alguna parte. ¿De dónde sacó la persona del palo las tijeras para cortarlo? Debes tener algo que te dé la habilidad de cortar el cordón del círculo.

Empiezas haciendo una lista.

Tu lista es lo que te da la capacidad de cortar el cordón y formar un camino.

Puedes hacerlo en tu teléfono o en papel. No importa si es digital o físico. Si estás leyendo una copia física de este libro, tienes una página de notas exactamente para ese propósito.

Haz una lista y pon en ella todo lo que se te ocurra. Me refiero a todo. Podemos tachar cosas más tarde. En este momento saca tu lápiz y papel, o tu teléfono, o tu laptop, o tableta y comienza a escribir. ¡Me refiero a todo! Alimentar al perro. Llevar a los niños a la escuela. Devolver una llamada telefónica. Devolver 20 llamadas telefónicas. Anota cada llamada y a quién se dirige. Cada lugar al que necesitas ir. El regalo de cumpleaños de mamá. ¡Todo eso! No dejes nada fuera de tu lista, por pequeño que sea.

Todas las cosas en tu mente, de pequeñas a grandes, personales y profesionales. Todas las cosas que están en tu cerebro. Es una especie de volcado de cerebro.

Una vez que tengas todo escrito, respira y toma un descanso. Si piensas "no puedo, tengo mucho que hacer", entonces recuerda que mientras estás abrumado no estás haciendo nada de todos modos.

Toma una respiración profunda, haz ejercicios de respiración meditación...

Tómate 10 minutos y hazlo. Haz yoga, saca a pasear a tu perro. Mira un programa de televisión corto que te haga reír o sentirte bien. Haz algo para dejar de pensar en esa lista y en todas las cosas que tienes que hacer o la culpa por lo que no estás haciendo. Date un respiro.

Unos minutos para estar "desenchufado", por así decirlo.

Entonces vuelve a tu lista.

La lista es como tomar las tijeras y cortar el cordón en el círculo. La lista te muestra cómo diseñarás un camino a seguir.

Fíjate bien en esa gran lista que hiciste y primero siéntete orgulloso/a de ti mismo/a.

¡Wow! ¡Buen trabajo!

- Ahora tienes esta larga lista de todo lo que tienes en mente.

- Tomaste las tijeras y cortaste el cordón en el círculo, y dejaste de estar atrapado/a.

- Has dado el primer paso para construir tu camino.

Bien, ahora seamos realistas. ¡No hay forma posible de que una persona pueda hacer todas estas cosas en un día! ¡De ninguna manera!

Incluso si fueras Superman, ¡no sucedería!

Permítete un poco de soltura y date algo de crédito.

Trabajando en la lista.

Hay cosas que puedes hacer que son fáciles.

Encuentra las 5 cosas más fáciles, hazlas y elimínalas de la lista.

Es importante poder ver tu progreso. Me gusta resaltar las cosas que voy haciendo para poder verlas. Hacer las primeras cosas más fáciles de la lista es como trazar el camino. Te motiva. Te pone en movimiento. Hace que tu cerebro comience a enfocarse en una dirección.

Traza tu camino = Organiza tu lista.

Ahora para el viaje por el camino, un pie en frente del otro.

Toma tu lista y priorízala. Esto puede tomar un poco de tiempo.

- Anota las cosas que tienen fecha de vencimiento o límites de tiempo.

  - Tengo una reunión a la 1 pm. Los niños necesitan ser recogidos a las 3 pm.

Entonces puedes trabajar en otras cosas a su alrededor. Puedo llamar al veterinario por mi perro mientras espero en la fila para recoger a los niños, por ejemplo. Así es como empiezas a trazar tu camino.

Gestión del tiempo.

Escribe al lado de cada ítem cuánto tiempo lleva cada cosa.

- Se necesitan 3 horas para hacer una presentación de diapositivas.

- Puedo hacer mucho en 45 minutos para limpiar mi cocina.

- Me tomaré 2 horas para preparar los informes para mi jefe.

Luego haz lo más fácil o lo que te lleve menos tiempo primero. Una vez que comiences a tachar cosas de tu lista, comenzarás a sentirte mejor y podrás respirar, y descubrirás que empieza a convertirse en algo muy productivo. Se sentirá como si estuvieras siguiendo tu camino hacia el éxito.

A medida que continúes priorizando, notarás rápidamente si vas a necesitar más ayuda o no. También identificarás cosas que se pueden hacer juntas o en el mismo período de tiempo.

Di "No" amablemente.

¿Hay cosas a las que podrías decir "No"?

Tu tiempo es valioso.

- Es tu trabajo proteger tu tiempo.

- Es tu derecho proteger tu tiempo.

- Puedes decir que no amablemente.

Para muchos de nosotros, la palabra "no" está llena de culpa, y tenemos miedo de que alguien se sienta decepcionado o tal vez nunca más tengamos esa misma oportunidad. Aprender a decir *No* es una parte importante de mantener el control y utilizar nuestro tiempo sabiamente. Después de todo, no se puede hacer todo.

Estas son excelentes formas de decir que no:

- "Ahora no es un buen momento para mí".

- "Ojalá pudiera, pero estoy tapado".

- "No tengo el margen de tiempo en este momento".

- "Tengo otro compromiso".

- "Avísame la próxima vez".

- "Mi agenda está llena por las

próximas dos semanas. ¿Podemos intentarlo después de eso?"

También está bien volver con alguien y decirle sabes que te comprometiste a hacer una cosa, pero que no puedes en este momento y que lo lamentas.

Es posible que se sientan decepcionados, pero es probable que te sientas mucho mejor después. La realidad es que lo superarán.

Soy parte de un grupo de alcance comunitario y tengo un buen amigo que es el presidente del grupo. Me ha pedido que sea la próxima presidente. Fue un gran honor que me lo pidiera, pero no quiero hacerlo. Nada en mí realmente quiere ser ocupar esa posición. Tengo otras prioridades en mi vida. Mi hijo se gradúa de la escuela secundaria el próximo año y tengo otras cosas en las que prefiero dedicar mi tiempo. Me siento mal diciéndole que no, pero es importante que haga lo correcto para mí y mi vida.

Está bien decir que no. No te hace débil. De hecho, te hace sentir más fuerte y más motivado/a al poder tener más control sobre tus horarios y tiempos.

Con todo eso: ¿Hay algo en tu lista a lo que necesites decir que no? ¿O quizás alguien con quien debas hablar para comunicarle que no podrás hacer eso a lo que te habías comprometido? Es difícil de hacer, pero te sentirás aliviado/a una vez que te hayas sacado el peso de encima.

Comparte la carga / Obtén ayuda.

Pregúntate: "¿Quién más puede ayudarme con las cosas de esta lista?"

Una gran pregunta.

¿Hay alguien con quien puedas compartir tu lista que te ayude a priorizar o pueda encargarse de algunas cosas de la lista por ti? Tal vez sea un compañero de trabajo que te ayude a hacer algunas llamadas o tu pareja. Sé que a veces, cuando comparto mi lista con mi esposo, él se ofrece a hacer algunas cosas.

En casa, ¿puede tu pareja, hijo/a alimentar al perro, lavar una tanda de ropa o los platos, por ejemplo?

¿Puedes dividir las tareas en partes para que otros puedan ayudarte? Quizás, por ejemplo, necesites limpiar la nevera. En ese caso, ¿podría cada persona en la casa tomar un estante? Tal vez podrías pagarle a alguien más para que venga a limpiar tu refrigerador y lo elimine por completo de tu lista.

Tal vez haya alguien a tu alrededor que pueda y quiera ayudarte. Esta es una sensación incómoda. Mostrarle a otra persona tu lista masiva o ser vulnerable y pedir ayuda.

Además, volvamos a todo lo que ya discutimos sobre el diálogo interno.

Todo eso se te mete en la cabeza. Está bien. Está bien pedir ayuda y es bueno recibir ayuda. Y que otros te presten su fuerza.

Comparte tu lista con otras personas a tu alrededor. Otros tendrán ideas de formas de ayudar, o pueden tener tiempo o recursos que quizás tú no tienes o en los que no habías pensado.

Seamos honestos. Es difícil pensar en soluciones cuando te sientes abrumado/a.

A medida que trazas tu camino, también trabajarás en tu lista.

Ahora que has priorizado, organizado, administrado tu tiempo, dicho "No" y pedido ayuda, sigue trabajando en tu lista. Estás en marcha, ya no estás atascado. Sigue con el buen trabajo.

Cuando te encuentres dando vueltas en ese círculo de agobio, corta el cordón, traza un camino y comienza a caminar por él paso a paso hacia el éxito.

Prevención, organiza tu tiempo futuro.

Ahora hablemos de algunas soluciones para evitar que esto vuelva a suceder.

Éste es uno de mis mayores secretos para evitar sentirme abrumada.

Organiza tu tiempo.

Por ejemplo, si recibes correos electrónicos y llamadas telefónicas durante todo el día y no puedes hacer nada, necesitas encontrar una manera de reservar algo de tiempo para proyectos y para completar el trabajo.

Se parece un poco a esto:

En la mañana, bloquea 2 horas en las que no respondas a ningún correo electrónico, llamadas telefónicas o mensajes y solo trabaja en proyectos, digamos de 9 am a 11 am. Luego, a las 11 a.m., revisa todos tus mensajes y ocúpate de todos ellos.

Solía trabajar en un empleo en el que recibía cerca de 300 correos electrónicos al día. Por supuesto, no había forma de hacer nada más si sólo me enfocaba en eso, pero tenía muchas otras responsabilidades, así que leía mis correos electrónicos a primera hora de la mañana. Antes del almuerzo, entre las 14:00 y 16:30, configuraba carpetas de archivos para correos electrónicos automáticos que podía leer más tarde y programé un tiempo para leerlos semanalmente. Tendría los correos electrónicos de mi jefe resaltados para poder diferenciarlos. Había establecido también las horas en que mi teléfono te derivaba al correo de voz, especialmente la semana en que salió el número mensual.

Dividía mi mes en proyectos de enfoque semanal. Hice videos de capacitación mensuales y revisiones mensuales de pérdidas y ganancias. Trabajaba en esos proyectos la semana anterior a sus fechas de vencimiento.

Vas a tener días que arruinarán tus planes, pero eso está bien. Solo empieza de nuevo mañana.

Programa un tiempo para "mi".

Tienes que hacer algo que te haga sentir bien contigo mismo/a. Necesitas un poco de tiempo que está fuera de tu rutina diaria.

Algo que me ayuda es ir al gimnasio antes del trabajo. Voy al gimnasio durante 1 hora todas las mañanas de lunes a jueves, y preparo mi ropa para toda la semana el domingo para poder levantarme de la cama y ponerme la ropa del gimnasio.

Trabaja para planificar tu calendario con anticipación. Separa el tiempo para cosas específicas. No siempre va a funcionar, pero las veces que lo hace te pondrán por delante del juego.

No se trata solo de organizar tu tiempo. También tienes que hacer un poco de autoevaluación.

Autoevaluación.

Estoy más concentrada en leer temprano en la mañana. Soy mejor hablando con la gente por la tarde. Si tengo reuniones en las que necesito presentar o hablar, las programo por las tardes y aquellas en las que solo puedo escuchar o leer correos electrónicos, por las mañanas. Por ejemplo, cuando reviso capítulos de este libro, lo hago por las mañanas.

Nací y crecí en la costa Oeste en la hora del Pacífico y, aunque he vivido en la zona horaria central durante 15 años, mi cerebro todavía funciona en la hora del Pacífico, así que trato de nunca asistir a reuniones o hablar demasiado con la gente antes de las 9 am hora central porque mi cerebro siente que es antes de las 7 am y no está listo para conversar. Tiendo a ser de mal genio y a mostrarme de una manera menos positiva.

A medida que organices tu tiempo y comiences a planificar con anticipación, te sentirás más preparado y con más control. Esa confianza te ayudará a proteger tu tiempo y a decirle a la gente amablemente "No" cuando te soliciten tareas o compromisos que saturarán aún más tu agenda. A medida que comiences a crear esta nueva rutina, las personas que te rodean conocerán tus horarios y deberes y te apoyarán en ellos.

Pasos fundamentales para cuando estás abrumado/a:

Paso 1: Reconocer que estás abrumado/a. Tomarte el tiempo para respirar y tal vez llorar si eso es lo que necesitas. Date cuenta de que estás girando en un círculo y ya no te mueves.

Paso 2: Haz una lista. Vuelca tu cerebro. Ponlo todo donde puedas verlo. En papel, en tu teléfono, en tu computadora, en una pizarra de borrado en seco. Pon todas tus cosas personales y profesionales en la lista.

Paso 3: Trabaja en tu lista.

- Haz cosas fáciles y rápidas para comenzar en la dirección correcta y luego ve tachándolas.

- Prioriza y organiza tu lista.

- Di *no* a algunas cosas de tu lista.

- Continúa trabajando en tu lista hasta que esté tan desordenada por las cosas tachadas que tengas que hacer una nueva o no necesites ninguna.

Paso 4: Pide ayuda. Comparte tu lista con otra persona. Obtén apoyo. Si es necesario, obtén también apoyo profesional.

Paso 5: Organiza tu tiempo. Separa tiempo en tu horario para tomar medidas de prevención.

Cap. 5: La actitud lo es todo.

¡Finge hasta que lo consigas!

Es tu trabajo elegir tu actitud.

Mi estilista me peinaba mientras me decía lo horrible que era usando la tecnología.

Ella decía: "Soy terrible en todas esas cosas nuevas".

A lo que yo le dije: "Con una actitud como esa, estoy segura".

Ella dijo entonces: "¿Sabes qué? Tienes razón".

Lo nuevo de lo que estaba hablando era Facebook y han pasado alrededor de 18 años desde entonces.

Cada vez que te dices a ti mismo/a que no puedes hacer algo, o que no eres bueno/a en algo, solo estás haciendo las cosas más difíciles.

Tú eres el/la único/a que puede elegir tu actitud. De hecho, es tu trabajo elegir tu actitud.

Podemos culpar a los demás y podemos encontrar muchas razones por las que es culpa de otra persona que estemos tan tristes o miserables o que no podamos sacar adelante nuestra vida, pero la verdad es que tenemos el poder de elegir nuestra actitud.

Tengo una amiga fabulosa, mide aproximadamente 1.58 metros y tiene la sonrisa más grande que jamás hayas visto, y ella siempre está diciendo "Vamos, hagámoslo".

No importa de qué se trate, ella siempre quiere compartir todo y traer alegría a los demás. Ha pasado por muchas tragedias terribles en los últimos años, y un día me envió un mensaje de texto y me dijo que una gran tormenta había arrasado su camino hacia su casa junto al lago. Pensé que iba a ser mucho trabajo arreglarlo y que iba a ser muy caro.

Su siguiente mensaje de texto fue lo bendecida que era en su vida de tener un camino al lago para ser arreglado y cómo siempre había sido su sueño tener esta gran propiedad con acceso al lago para pescar. Decidió tener una actitud de agradecimiento.

Elegir estar agradecido por las cosas en tu vida te ayudará a tener una buena actitud. Agradecimiento significa "el sentimiento de estar feliz o sentirse bendecido por algo".

Cuando era una adulta joven, mi primer automóvil fue un viejo Mustang de palanca de cambios que mi hermana mayor había destrozado. No era un Mustang genial. No le quedaba mucho asiento de conductor y había que parar de vez en cuando a rellenar el aceite y poner agua en el radiador. La puerta tenía aproximadamente 1/2 pulgada entre el marco de la puerta y el automóvil, por lo que llovía y nevaba dentro del automóvil y el parabrisas estaba agrietado. Luego compré un Ford Taurus color crema. Habría sido descrito como un coche de señora mayor. En los años 90, ese no era un automóvil muy deseable, pero estaba muy agradecida de tener un vehículo que podía conducir bajo la lluvia y la nieve y se mantenía seco. Podía ver a través de mi parabrisas y cuando encendí mis limpiaparabrisas fue como magia, ya que podía ver tan claramente a través de él. Me llenaba al instante. Estaba agradecida por el asiento del conductor. Estaba agradecida por lo segura que me sentía en mi auto nuevo. No tenía que llevar aceite extra ni jarras de agua para moverme por la ciudad. Para otra persona, mi auto nuevo no era gran cosa, pero yo estaba muy agradecida por ello.

Todos tenemos cosas a nuestro alrededor por las que estar agradecidos. Todos tenemos personas a nuestro alrededor por las que estar agradecidos. Hay varios libros excelentes sobre cómo ser agradecido puede tener un impacto positivo en tu vida.

En estos días estoy agradecida de haber sido lo suficientemente inteligente como para aferrarme a mi increíble esposo cuando yo aún era joven y tomaba decisiones estúpidas. Estoy agradecida por mi pequeño perro pug que me ama sin importar nada. Estoy agradecida por el gran colchón de mi cama, porque es muy cómodo.

Solo tómate un tiempo para mirar alrededor en este momento donde te encuentres y haz una lista mental de las cosas que tienes, por las que estar agradecido/a.

Ahora bien, no estoy diciendo que de todas formas no sentirás dolor por las cosas terribles que han sucedido en tu vida. Por supuesto, esos dolores seguirán ahí. Pero cuando te enfocas en las cosas por las que estás agradecido/a, esto mejorará cómo te sientes. También cambiará positivamente la actitud que le presentas al mundo.

Siento que podría ser una regla no escrita que, cuando me estoy preparando para un gran día, algo saldrá mal. Casi siempre derramo café en algún lugar o se me olvida algo. Entonces, hace años, comencé una nueva actitud. Así que ahora, por ejemplo, cuando mi café se derrama mientras estoy saliendo de mi auto, yo digo: "Está bien, ahora voy a tener un gran día porque algo malo ya sucedió".

Engaño a mi cerebro haciéndole creer que ahora todo estará bien.

¿Sabes qué? Funciona cada vez. A veces pienso algo como "Bueno, me alegro de que ese desastre haya sido fácil de limpiar", ya que, en muchas ocasiones, cuando mi café se derrama y casi no ensucia, me siento emocionada porque me quité lo malo del camino, y ni siquiera era tan malo. Se necesita tiempo para adoptar otra actitud sobre las cosas difíciles de la vida.

Tienes que atraparte a ti mismo/a y empezar a preguntarte cómo puedes darle la vuelta. Entonces debes comenzar a tomarte el tiempo para hacerlo, ya sea que lo digas en voz alta o no.

Cuando te encuentres frustrado/a o enojado/a o haya sucedido algo que arruine tu día, ¿cómo puedes encontrarle la vuelta a eso? ¿Cómo puedes convertir algo malo en algo positivo? A veces es el resultado de lo que pasó o lo que pasó después lo que puede ser ese algo positivo. Siempre hay alguna cosa positiva que rescatar, sólo tienes que encontrarla. Recuerda que es tu trabajo controlar tu actitud.

Culpa.

Nuestra propia culpa tiene una forma interesante de controlar nuestro estado de ánimo y nuestras acciones. Todos nos sentimos a menudo tan culpables por cosas que no hemos hecho o que hicimos mal. Simplemente mantenemos toda esta culpa acumulada dentro de nuestros cerebros y luego la desquitamos con otros para sentirnos mejor. O reaccionamos exageradamente a una situación porque nos sentimos culpables por otra cosa. Encuentro que, como madre de adolescentes, pasé mucho tiempo en la vida de mis hijos sintiéndome culpable por cosas que no recuerdan y que no les importaban.

Te digo esto porque observar cómo tu culpa podría estar afectando negativamente tu actitud puede ayudarte a adaptarte. Además, la negatividad que estás recibiendo de alguien más podría estar completamente basada en su propia culpa y problemas, y realmente no tiene nada que ver contigo.

Vayamos a la forma más grande, simple e impactante de ajustar tu actitud e impactar positivamente a los demás.

Las sonrisas importan.

Déjame contarte cómo aprendí a sonreír frente a la adversidad. Yo estaba al principio de mi carrera en una empresa prestigiosa. Era una empleada muy diligente y continuamente recibía reconocimiento. Era joven, estaba motivada y podía trabajar con más paletas de carga en una noche que la mayoría de las personas. Me enorgullecía de lo mucho que podía hacer físicamente. Una de las cosas que me hizo tan eficiente es que no me gustaba hablar con los demás. No quería saber acerca de sus familias. No quería saber sus historias de vida. Sobre todo porque no quería compartir la mía. Había crecido con un pasado muy sórdido. Realmente no tenía una mamá y un papá de los que hablar. Cuántos hermanos tenía era una pregunta difícil de responder. Solo quería que todos me dejaran en paz y se pusieran a trabajar.

A medida que continuaba creciendo en la empresa, me ascendieron a supervisora por hora, un puesto en el que administraba a otros. Bueno, a decir verdad, no debería haber estado dirigiendo a nadie. No fui muy amigable. No tuve mucha compasión. Por lo general, estaba enojada.

A medida que crecía, comenzaron a decirme cosas como "deberías sonreír de vez en cuando", "deberías dejar que los asociados ganen de vez en cuando". Luego tuve un supervisor que me recomendó que leyera el libro "Cómo ganar amigos e influir en las personas", de Dale Carnegie. Me dijo que realmente sentía que los consejos de ese libro podrían ayudarme.

Si me conocieras hoy, ni siquiera sabrías que en algún momento tuve que aprender a sonreír. Hay un capítulo entero en ese libro que no hace más que enseñarte a sonreír. Y cuando era joven en mi carrera gerencial, realmente quería ser mejor, así que trabajé en ello. No era habitual que sonriera. No fue cómodo. Mi cara se sentía como si no estuviera hecha para hacer eso. Conducía al trabajo, salía de mi auto y me paraba junto a él. Tomaba una respiración profunda y ponía una sonrisa en mi rostro, que era muy falsa. Luego mantenía esa sonrisa durante todo el camino a través del estacionamiento y todo el camino hasta la parte trasera de la tienda, hasta que llegaba a la oficina, donde sentía que podía respirar.

Tenía sentimientos encontrados acerca de ésto. No quería ser hipócrita. No me gustaba la gente que era falsa. Pero aprendí muy rápido que, si sonríes a los demás, ellos te devuelven la sonrisa.

Hay algo muy real sobre el dicho que reza "finge hasta que lo logres".

Entonces, antes de darme cuenta, le estaba sonriendo a la gente, y ellos me sonreían a mí. Era como un sentimiento completamente nuevo. Estaba disfrutando de las sonrisas que la gente me daba. Hizo una diferencia en cómo me sentía. Y después de meses de entrenarme a mí misma, y de todas las maravillosas sonrisas que otros compartieron conmigo, antes de darme cuenta siquiera, mi sonrisa ya no era falsa.

Cuando sonríes te hace sentir mejor, y es contagioso.

¡No siempre se trata de ti!

Esto hace una gran diferencia para mí. Sé que es difícil creer que el maltrato que recibiste de otra persona no se trata de ti.

Realmente me ayudó a pasar el día una vez que comencé a darme cuenta de que la forma en que actúan otras personas no siempre se trata de mí. Suena tan arrogante, pero la realidad es que siempre tomamos lo que hace otra persona y lo volvemos todo acerca de cómo nos hace sentir. Por supuesto, si haces algo estúpido, eso es culpa tuya, pero en general, la mayoría de las personas están pensando sólo en sí mismas y en su propia vida. Eres sólo una interrupción de sus pensamientos sobre sí mismos.

Alguien te habla en un tono duro. Bueno, está teniendo un mal día. Es posible que tengan problemas con su pareja. Su mamá o papá podría estar enfermo. Sus hijos podrían estar actuando mal y haber sido expulsados de la escuela. Su actitud hacia ti no siempre va a tratarse de ti. Tiene que ver principalmente con ellos mismos.

Solo debes recordarte a ti mismo/a que no se trata de ti.

Ojalá hubiera podido hacer esto cuando era más joven. Tuve una jefa que fue horrible conmigo. Ella solo tenía cosas malas que decir. No había nada que yo hiciera bien. Me sentí tan miserable y consumida por la forma en que me trataba. Lo que no supe en ese entonces fue que su madre se estaba muriendo de cáncer y que era su mejor amiga. Era lo más devastador por lo que ella había pasado y todo lo desagradable que estaba siendo en realidad no tenía nada que ver conmigo. Yo era nada más un mero inconveniente para ella en ese momento.

No lo tomé así, y durante un año completo de mi carrera estuve paralizada por toda esa negatividad que recibía de ella. No justifica que no me haya tratado bien, pero lo que dejé que me hiciera habría sido diferente si hubiera podido adoptar esta actitud antes.

Ahora, ¿qué tan genial es eso? ¡Que esa persona sea una porquería contigo no es tu problema!

¡Y me encanta cuando no es mi problema!

Sentirte valorado/a y apreciado/a

¡Haz una carpeta de "Gran trabajo"!

Cuando sientes que los demás te valoran o te aprecian, te hace sentir mejor. Te llena.

¿Pero cómo lo encuentras cuando lo necesitas?

Algo que me enseñó un buen amigo mío es a llevar una carpeta de Buen Trabajo. Este amigo mío es una de las personas más inteligentes y talentosas que he conocido. Siempre es la persona más inteligente de la sala y es muy humilde, por lo que a veces la gente ni siquiera lo sabe. Él realmente se preocupa por las personas y siempre está tranquilo y centrado. Es realmente alguien asombroso. ¿Quién pensaría que alguien así podría sentirse deprimido o dudaría de sí mismo? Me enseñó un truco valioso que lo ayuda cuando sus dudas se infiltran y se siente pesimista.

Mantiene una buena carpeta de Buen Trabajo.

"¿Qué es eso?", te preguntarás.

Colecciona cualquier nota o tarjeta o cartas de agradecimiento que otros le envían o le dan, y las guarda en una carpeta. Si su jefe le envía un cumplido o un compañero de trabajo le envía un lindo mensaje o si alguien le envía una tarjeta... Guarda todas esas cosas en una carpeta para poder volver y revisarlas.

Ves que es la naturaleza humana enfocarse en lo malo. Dejamos que las cosas buenas que suceden fluyan como agua a través de nuestros cerebros, pero cuando sucede algo malo, nos aferramos a ello con fuerza y le damos vueltas y vuelta. Nos obsesionamos con eso y a veces eso lo único que grabamos de una o varias épocas de nuestras vidas es lo malo.

Si tiene un archivo de Buen Trabajo, puedes recurrir a él cuando las cosas son difíciles, o si necesitas un ajuste de actitud, puedes releer las cosas buenas que la gente dice sobre ti. Puedes leer un mensaje de agradecimiento o una tarjeta de felicitación o tal vez algo que hizo que alegró el día de otra persona o que al menos la hizo sentir mejor.

Crea una carpeta digital o física y guarda recuerdos de tu buen trabajo. Si alguien te envía una nota de agradecimiento por correo electrónico o te dice que hiciste un gran trabajo en algo, archívalo. Alguien te envía una linda carta que te hace sentir bien, guárdala. Luego, una vez al mes o una vez a la semana, lee todas esas cosas buenas que la gente ha dicho sobre ti. Así no sólo recordarás lo malo.

Otras estrategias para una actitud positiva.

Una estrategia que he usado para mantener una actitud positiva: mantengo un calendario digital y mi objetivo siempre es tener un día increíble. Del libro "You're a Badass" ("Tú eres rudo/a") de Jen Sincero. Cada día agrego en la parte superior de mi calendario notas sobre el día y la palabra GANAR en letras grandes. Entonces, puedo ver cada día que logré mis metas y gané.

Cuando te sientes bien contigo mismo siempre es más fácil salir al mundo con una actitud positiva.

Hay muchas maneras diferentes de conseguir ayuda con ésto. Piensa en quién eres y qué es significativo para ti.

- Puedes descargar aplicaciones de mensajes inspiradores o comprar un calendario con frases positivas.

- Repasar todas las cosas por las que estás agradecido/a.

- Pensar en las personas de tu vida por las que estás agradecido/a y enviarles pequeños mensajes diciéndoles cosas específicas que aprecias de ellos.

- La meditación puede ser útil para despejar la mente y ajustar la actitud.

- Los alimentos como el helado o el chocolate pueden cambiar tu actitud. Siempre es buen momento para uno.

- Si mantienes algún tipo de relación espiritual, tómate un tiempo para orar. Esa es una excelente manera de ayudarte a llegar a un punto en que tu actitud se mueva en una dirección positiva.

- Pide ayuda. Si tienes problemas para encontrar el camino a un lugar positivo en tu vida o sientes que no puedes llegar allí por tu cuenta, sería una buena idea pedir ayuda. Encuentra profesionales capacitados y educados para ayudarte a cambiar tu actitud y situación. Podría ser un profesional médico, un consejero o un terapeuta.

Pasos fundamentales para tu mejor actitud:

Paso 1: Haz y mantén un diario de agradecimiento. Sé que suena un poco tonto, pero realmente ayuda. Todos los días haz una lista de las cosas por las que estás agradecido/a. Eso te ayudará a mantenerte enfocado/a en las personas y las cosas que te rodean que tienes que apreciar. Entonces puedes usar estas cosas para ajustar tu actitud.

Paso 2: Presta atención a las cosas que te hacen enojar, frustrar o enojar y piensa en formas de transformarlas en algo positivo.

Paso 3: Sonríe, aunque sea falso. Finge hasta que lo consigas.

Paso 4: Haz una carpeta de Buen Trabajo digital y física. Una vez a la semana o una vez al mes, lee su contenido.

Y recuerda: ¡No siempre se trata de tí!

Cap. 6: Levantando el peso

Habla con alguien.

Avanzar vale su peso en oro.

Pide ayuda

Se requiere de humildad para admitir que necesitas ayuda y de un gran coraje para pedir ayuda a alguien más.

Vivimos en una sociedad que nos dice: "Sé independiente y fuerte, no necesites a nadie".

Pero las personas están destinadas a estar conectadas con otras personas. Si te das cuenta a través de todos estos consejos y trucos de que no puedes ajustar tu pensamiento a una luz positiva para que puedas avanzar, sé valiente y pide ayuda.

AYUDA significa literalmente: "Facilitarle a alguien el poder hacer algo, ofreciendo sus servicios o recursos".

Permite que alguien te lo ponga más fácil.

Hay muchas cuestiones de autosabotaje por las que no pedimos ayuda. En mi caso, tengo problemas de confianza y en el fondo siento que, si pido ayuda, eso le da a la otra persona algún tipo de influencia o poder para controlarme o usar eso en mi contra más tarde.

- Puedes sentir que pedir ayuda te debilita o te preocupa ser una carga para otra persona.

- Es posible que te hayas convencido de que nadie quiere ayudarte, o que nadie puede, así que sientes que solo tienes que hacerlo tú mismo.

- O tal vez lo que le sigue es lo difícil para ti. Una vez que pides ayuda, recibir esa ayuda es incómodo.

Está bien.

Así que déjame decirte: *está bien pedir ayuda*. Pedir ayuda te hace más fuerte. Nadie que haya hecho que sucedan grandes cosas lo hizo solo. Siempre ha sido contando con ayuda. Todos somos humanos y todos necesitamos algo de ayuda en un momento u otro. Eso es lo mismo para cada uno de nosotros.

Visibilidad desde el exterior.

Si te sientes perdido/a o has pasado por algo traumático, algo horrible te ha pasado a ti o a alguien cercano a ti, podrías necesitar ayuda externa. Alguien que esté totalmente de tu lado y pueda facilitarte el avance. No para siempre, sólo por un rato hasta que empieces a sentirte mejor. Piensa en usarlo como una muleta hasta que puedas caminar por tu cuenta.

Siempre es más fácil ver el camino más claro desde el exterior. Es la misma razón por la que dicen que la retrospectiva es 20/20.

Piensa en ti mismo en una esfera de nieve. Estás en una esfera y la nieve cae por todas partes. Tu visibilidad no siempre es clara. Te quedas atrapado en lo que te rodea y no puedes ver un camino claro al exterior. Te tapan todas esas emociones, así como la culpa y las razones para justificar todos tus sentimientos. A veces es difícil ver algo desde dentro, pero si estás en el exterior, es mucho más claro.

Muchas veces se necesita a alguien en el exterior que te ayude a salir de la esfera de nieve y ponerte en el Camino de Ladrillos Amarillos. Un camino que puedas seguir para avanzar en tu vida. Alguien que escuche tu historia y te ayude a superar las heridas que te agobian.

La vida es difícil y tenemos temporadas en las que necesitamos un compañero dispuesto a viajar con nosotros. Si tiene recursos gratuitos, como por ejemplo las empresas que suelen otorgar asesoramiento gratuito a sus empleados, puedes hablar con ellos por teléfono. O invierte dinero en pagarle a alguien que te ayude, como un consejero o un coach de vida o un gurú del mundo de los negocios.

Es aún más valioso encontrar a alguien que sea un experto en un tema de tu interés en específico. Por ejemplo, si estás atravesando asuntos matrimoniales o de pareja, puedes buscar un consejero matrimonial. Si se relaciona con las finanzas, obtener el consejo de alguien experto en el área de negocios. Si se trata de ansiedad, autoestima o depresión, habla con tu médico o busca un consejero que se especialice en ese tema.

Lo maravilloso de todas estas personas es que quienquiera que elijas tendrá en mente lo mejor para ti. Una persona que te brindará atención incondicional pero que también te ayudará a ampliar la forma en que estás viendo tu historia.

No se dejarán influir por tus errores pasados o te juzgarán sobre tu vida como podría llegar a hacerlo alguien cercano a ti. Un ligero cambio de perspectiva puede tener un impacto significativo en tu comprensión y en cómo trabajar con ella.

Si les pagas y te ayudan, eso también los hace exitosos, entonces es un ganar-ganar.

Necesitamos superar la vergüenza de pedir ayuda. Todos quedamos atrapados en el simple acto de pedir ayuda o hablar con alguien, en que nos hace sentir débiles o fracasados. La única forma en que realmente fallamos es al no hacer nada. Consigue apoyo real.

Recuerda que hay verdad en el dicho "Es el viaje, no sólo el destino".

Culpa.

"La culpa es un estado emocional en el que experimentamos un conflicto por haber hecho algo que creemos que no deberíamos haber hecho; o, por el contrario, por no haber hecho algo que creemos que deberíamos haber hecho" (definición tomada de "Lidiando con Sentimientos de Culpa - Centro de Consejería de Cottesloe"). Esto puede dar lugar a un estado emocional que no desaparece fácilmente y que puede volverse difícil de manejar.

A veces, la culpa puede percibirse tan grande que puedes llegar a sentirte sobrepasado y no saber cómo manejar tus sentimientos.

La culpa es una señal de advertencia emocional que la mayoría de las personas aprenden desde niños. Su propósito es hacernos saber cuándo hemos hecho algo mal, para ayudarnos a desarrollar un mejor sentido de cómo nos afectamos a nosotros mismos y a los demás. Nos hace reexaminar las cosas para no cometer el mismo error dos veces.

Como adultos, es sorprendente lo rápido que nos sentimos culpables por las cosas más pequeñas. Entonces la culpa comienza a afectarte de maneras que ni siquiera te das cuenta. Comienza a interferir con tu toma de decisiones. Puedes llegar a trabajar demasiado o dar demasiado de ti mismo. Puedes estar dispuesto a hacer cualquier cosa en un intento de hacer felices a todos. O hacerte demasiado crítico con cada acción que tomas y sus posibles consecuencias negativas para los demás, incluso si esto significa que ignorar tus necesidades y deseos. Puedes volverte demasiado sensible o irritable y, a veces, incluso te paraliza.

Conocí a esta mujer increíble, propietaria de una empresa de joyería en línea que ha sido reconocida como una de las más vendidas en mi país. Es una mujer tan positiva, inteligente y motivada.

Estaba emocionada de verme con ella y tuvimos una gran reunión. Hablamos de mí, haciendo consultoría para su negocio. Una semana después me envió un email diciendo que no estaba en condiciones de hacer eso ahora, pero que quería mantenerse en contacto. Estaba un poco decepcionada pero no preocupada. Me sentía feliz de haber conectado con ella y quería seguir teniendo una buena relación. Cuando me envió el correo electrónico, fue en medio de un momento problemático para mí. Mi cuñado acababa de fallecer de Covid-19 y mi hermana estaba en un mal estado mental. Estaba consumida con mi vida personal y al final nunca le respondí.

Lo pensaba de vez en cuando y me sentía muy mal, pero habían pasado meses y no sabía cómo responder después de tanto tiempo.

Bueno, unos 6 meses después, estaba trabajando en la producción de un bolso tipo mochila y necesitaba una empresa para que hiciera adornos para ésto. Sería la persona perfecta para realizar este trabajo para nosotros, pero tenía miedo de acercarme a ella porque me sentía muy culpable aún por no haber respondido a su correo electrónico. Estuve yendo y viniendo en mi cerebro durante semanas antes de tener las agallas para acercarme a ella. Cuando finalmente lo hice, estaba súper emocionada de retomar el contacto conmigo y nos reunimos al día siguiente. Me disculpé por no responder a su email y ella no tenía idea de lo que estaba hablando, y se disculpó por ello excusándose con que a veces está tan ocupada que simplemente no recuerda ni lo que hizo ayer.

Y yo aquí, que estuve durante semanas preocupándome por esto y sintiendo culpa sin ninguna razón. Ahora, por supuesto, debería haber respondido, pero el punto es que estaba dejando que la culpa por algo tan pequeño tomara hasta decisiones comerciales por mí. Eso fue una locura.

Dejamos que la culpa tome todo tipo de decisiones por nosotros, de las que muchas veces ni siquiera nos damos cuenta. Dejamos que la culpa nos disuada de un buen consejo o de una buena elección. He descubierto que la mayoría de las veces no nos damos cuenta de que nuestra culpa nos está afectando hasta ese punto, y se necesita a alguien externo para que nos lo señale.

Un día estaba sentada charlando con una amiga y estábamos discutiendo sobre que no estaba segura de la información que había recibido de una empresa de producción. Mi amiga entonces me miró y me dijo: "Tienes que preguntarle a la mujer que usó esas fábricas que conociste". Por supuesto, esa fue la respuesta. Tan pronto como lo dijo, supe que tenía razón.

¿Por qué no había pensado en eso?

Bueno, analicémoslo... Me había convencido de no hacerlo incluso antes de empezar. En mi cabeza había pensado brevemente en llamar a esa mujer para pedirle consejo, pero me había convencido de que ella no tendría tiempo para mí, que yo sería un inconveniente y que seguramente ni siquiera me respondería. Por lo general, le toma un par de días, pero yo además ya llevaba dándole vueltas a este tema unos 10 días. Mi lógica ni siquiera tenía sentido y me parece incluso peor mientras la escribo en este libro.

Al final, mi amiga y yo nos reímos de lo simples que parecen las cosas cuando las miras desde afuera.

Algunas personas te dicen que analices tu propia situación desde afuera, pero eso es extremadamente difícil de hacer. Somos personas y tenemos emociones y culpa por tantas cosas diferentes que nos manejan.

Encuentra el ajuste adecuado.

Para ser clara, no te recomiendo que tomes consejos de cualquiera. Recomiendo que, si necesitas claridad y dirección, la busques de alguien educado y capacitado para ayudarte.

Cada persona o amigo en tu círculo te dará consejos basados en sus propios prejuicios sobre ti y tu situación. A veces eso está bien, pero a veces no encajan. A menudo es mejor tener a alguien completamente imparcial. También te permite hablar más libremente y no preocuparte por ser juzgado/a o criticado/a. Esto es especialmente útil si estás pasando por algo traumático que a otros a tu alrededor les cuesta entender.

Frecuentemente podemos no estar seguros de cuál es realmente el problema y necesitamos hablar sobre eso para llegar a la raíz de las cosas.

Puede que necesites probar con más de un profesional hasta encontrar el adecuado para ti. Debido a que todos somos humanos, lógicamente no vamos a coincidir con todos o no nos van a gustar todos. Quieres encontrar un profesional con el que conectes y que realmente te ayude.

Yo estuve hablando con un consejero por teléfono durante algunas semanas cuando estaba pasando por un momento difícil. Le pregunté si podía hablar con él dos veces por semana en lugar de una sola.

Él dijo: "Voy a tener que decirte que no, porque quiero mantener algunos límites".

Eso realmente me golpeó de la manera equivocada. Entonces busqué a un profesional diferente para ayudarme y encontré a una mujer que estaba feliz de hablar conmigo dos veces a la semana durante un par de meses, mientras me ayudaba a superar esos temas difíciles, y ya después hablábamos con menos frecuencia. Ese primer consejero no dijo nada malo, y tal vez yo estaba un poco demasiado sensible, pero podía elegir a quién le contaba mis secretos y prefería que fuera alguien que me gustara y con quien me conectara.

El primer profesional con el que hables podría no ser el adecuado. Eso está bien. Solo encuentra otro. Yo diría que es como elegir los zapatos ideales. Tienen que ser cómodos para que puedas caminar con ellos, porque vas a necesitarlos mucho y no podrás usarlos si no te quedan bien. A veces piensas que son buenos cuando los ves en la tienda, y te los llevas a casa, pero al probártelos allí no se sienten bien, o tal vez después de usarlos un rato hacen que te duelan los pies. ¿Qué haces entonces? Te compras un par diferente. Es así de simple. Deberás encontrar un profesional diferente que encaje mejor contigo.

Una amiga también me contó que tuvo seis sesiones con una chica y luego abandonó. Le tomó varios años finalmente querer volver a hablar con alguien y el muchacho nuevo que eligió, en una sola sesión logró más que la primera persona en seis.

Levantando el peso.

¿Cómo se ve eso mirándolo desde otro ángulo, desde afuera? Bueno, te puedo decir por experiencia que te sientes más fuerte. Sientes alivio. Sientes que tienes más control, te sientes poderoso y para simplificar realmente las cosas, te sientes contento.

Hay felicidad que se cuela.

A veces ni siquiera toma muchas sesiones.

Mi esposo y yo no nos llevábamos bien. No podía lograr que me hablara. Decía que cada vez que lo intentaba, yo me enojaba. Eso era cierto, porque dijo cosas que hirieron mis sentimientos. No tenía idea de cómo íbamos a resolverlo. Una noche finalmente decidimos que necesitábamos una perspectiva externa. Su compañía tenía un servicio de asesoría al que podía llamar y hablar con un consejero en cualquier momento. Nos sentamos en la cama y llamamos. Hablamos con un consejero durante quizás una hora. Nos ayudó a ver las cosas de manera diferente y desde la perspectiva de cada uno, y pudimos tomarlo a partir de ahí. Lo solucionamos y solo tomó una llamada.

Esa única llamada para pedir ayuda alivió la presión. La diferencia que sentimos en los días posteriores fue asombrosa. Aprendimos una pieza importante sobre cómo nos respondíamos uno al otro. Nos dio la fuerza y la voluntad para seguir arreglando las cosas.

No estoy diciendo que todo en la vida será mejor después de una sesión, pero a medida que levantas el peso, realmente cambiarás tu vida. Tendrás una visión más clara de cómo avanzar. A medida que los pesos que llevas comiencen a desvanecerse o se vuelvan más ligeros, dejarán espacio para lo bueno y lo positivo. Podrás hacer lugar en tu cabeza para todo eso que quieres lograr y conseguir para tu vida.

Pasos fundamentales para levantar el peso.

Paso 1: Evalúa si podrías estar necesitando ayuda para mejorar tu estado mental. Si necesitas ayuda para levantar el peso, consíguela. Ya sea online, presencial o por teléfono, obtén ayuda. Está bien. Te hará más fuerte.

Paso 2: No dejes que la culpa tome control sobre tus decisiones.

Paso 3: Encuentra el ajuste adecuado. Vale la pena que sigas intentándolo hasta que encuentres el más idóneo para ti.

Paso 4: Levanta tu peso y motívate.

Cap. 7: Eres único/a

¡Es tu trabajo creer en ti!

Tú eres único/a. De todas las personas que han vivido y muerto en la Tierra, ninguna de ellas ha sido exactamente como tú.

¿Tienes algo especial que ofrecer al mundo que nadie más puede?

¡Tú! Tú tienes diferentes experiencias de vida y perspectivas que nadie más puede ofrecer.

Nadie más ha crecido exactamente como tú, con los mismos hermanos y hermanas o la falta de ellos, los mismos animales, los mismos momentos de vida. Nadie tiene los mismos talentos y habilidades o trabajó exactamente en los mismos trabajos, en los mismos puestos, ni viajó a los mismos lugares, o ama de la misma manera que tú. Nadie tiene los mismos hijos ni los mismos nietos ni toma el mismo café de la misma forma. Una vez que comienzas a juntar todas esas piezas, solo hay un Tú.

Siempre pensé que "eres especial" es algo que sólo te dice tu mamá. Por supuesto, mi mamá no porque mi mamá, que me tuvo a los 16 años y a mi hermana -que era 11 meses mayor que yo- a los 15, no me dijo nunca nada. Ella estaba ocupada festejando y enojada con el mundo, por lo que mi hermana y yo pasábamos de mano en mano entre familiares y amigos, y a veces también entrábamos y salíamos de los hogares de acogida. Entonces, ella nunca me dijo que yo era especial. Pero hoy tengo más de 40 años y ahora siento que soy especial y que tengo algo grandioso que ofrecer.

Viví en el estado de Washington. A medida que fui creciendo, viví principalmente con mis 6 primos a quienes considero mis

hermanos, mi hermana mayor, mi tía y
mi tío a quien llamé Daddy Boats. Él
era sólo "Boats" para todos los demás
porque era un "Boats Mate" en la Marina.
Con 7 niños no había dinero suficiente.
Mi tía realmente no sabía cómo cuidar
niños y tampoco sabía cocinar, por lo que
nos faltaban muchas necesidades básicas,
como calcetines y sábanas. Mi abuela se
encontraba muy enferma, así que recibía
cajas de fórmula nutricional Osmolite gratis
de parte del hospital. Ella los traía y de
eso vivíamos. Imagínese algo similar al
Ensure, pero debido a que la fórmula
fue diseñada originalmente para sondas
de alimentación, no estaba especialmente
destinada a tener buen sabor. También
teníamos un albaricoquero en el patio
trasero y un ruibarbo que crecía silvestre.
Mi tía y mi tío eran realmente amables
y compasivos, y siempre supe que me
amaban.

Tuve a mi hija a los 19 años, que
nació pesando menos de 1 kilogramo. Fui

a trabajar para un gran minorista que continuó formándome para convertirme en una fuerte mujer de negocios. Me casé cuando tenía 24 años y al año siguiente tuvimos un hijo. Nos mudamos por todo el país por mi trabajo en la empresa.

Mi marido siempre fue más doméstico y maternal que yo, y siempre hemos sido grandes compañeros. He vivido diferentes traumas: amigos que se volvieron adictos a los opioides, amigos que perdieron a sus hijos, personas que estuvieron cerca de morir de cáncer o que convivían con el cáncer.

Es posible que puedas relacionarte con algunas de estas cosas o que tengamos algunas en común, pero tu historia nunca será la misma que la mía. Habrás visto diferentes cosas viviendo en varios lugares. Habrás trabajado en diferentes lugares. Tendrás un número diferente de hijos, o quizás ninguno. Vaya... Hay tanta diferencia. No solo todos tenemos una historia diferente con los hijos, sino que ellos también luego crecen para ser personas diferentes y nuestras relaciones unos con otros nos van dando lecciones de aprendizajes y fracasos diferentes.

Tómate el tiempo para pensar en tu historia.

- ¿De dónde eres?

- ¿Quién te crió?

- ¿Tienes otros hermanos o primos con los que creciste?

- ¿Qué decisiones importantes tomaste en tu adolescencia?

- ¿Qué hiciste como adulto joven? ¿Ir a la universidad, casarte, tener hijos, abandonar los estudios?

- Piensa en cuáles han sido las principales experiencias de vida por las que has pasado. Habrá cosas buenas y malas.

Tómate el tiempo para escribir estas cosas sobre ti. Si tienes una copia impresa de este libro, tendrá una página de notas para escribir.

¿Qué tipo de aprendizajes o éxitos has cosechado en tu vida?

Cuando miro hacia atrás a mi yo de 18 años, recuerdo haberle dicho a mi tía que dejaría de usar anticonceptivos. Le dije: "Si quedo embarazada, supongo que eso es lo que estará destinado a suceder". ¡Cielos! ¡Eso fue estúpido!

Por supuesto, mi hija fue lo mejor que me pasó. Ella me enseñó a hacerme responsable y querer ser más y hacer más en la vida, para poder ser mejor para ella. Sin embargo, pasamos por muchos años difíciles antes de eso, lo cual hubiera sido bueno saltear.

Realmente, piensa en tu vida y en lo que has pasado. Hablamos mayormente de cosas estúpidas y dificultades. ¿Qué pasa con las cosas grandes o los éxitos? Continué creciendo con el gran minorista para el que trabajaba, de ser ayudante temporal de temporada a ser una de los gerentes de tienda mejor calificados de la nación.

No llegué allí sin creer en mí misma. Era mi trabajo creer en mí misma y tener la determinación de llevarme allí.

Es tu trabajo creer en ti mismo/a. ¡Así es, te estoy diciendo que es tu trabajo creer en ti!

¡Tú importas! ¡Eres especial! Debes saber eso en tu corazón.

Disfruta de esa singularidad, de tu individualidad. Es algo para celebrar y presumir. No tienes que pretender ser más como tal otra persona. No estás destinado/a a ser como nadie más.

Fuiste diseñado/a para ser diferente. En ninguna parte, nunca, en toda la historia, las mismas cosas estarán sucediendo en la mente, el alma y el espíritu de alguien como están sucediendo en los tuyos ahora mismo. Nadie estará orando por las mismas cosas o soñando con lo mismo de la misma forma. Eres especial.

Si no estuvieras aquí en la Tierra habría un vacío, una pieza faltante. Nadie puede traer a la mesa exactamente lo que tú puedes.

Todas esas cosas que escribiste antes sobre ti y tu viaje de vida son las cosas que te hacen único/a. Ahora que has escrito todo tipo de formas en las que te diferencias de los demás, puedes guardarlas también en tu carpeta de Buen Trabajo. Eres tu propio tesoro y un regalo para el mundo. Disfruta de ser tú mismo/a y compártete con los demás.

Compartí parte de mi historia contigo y te despertó diferentes pensamientos y emociones. Nadie más en este mundo puede llegar a otros con su historia de la misma manera que tú. Nadie puede hablar de sus experiencias con las mismas palabras que tú. Habrá personas que te conocerán y a quienes tu historia, dicha en tus palabras, tocará y conmoverá. Nadie más podrá igualar el impacto único que tienes en los demás.

Nadie tiene tu sonrisa. O trae tu alegría o ilumina una habitación con la misma energía con que lo haces tú. Compártete con los demás. Eres valioso y hay muchos que encuentran interesante lo que tienes para aportar.

¡Regálate! ¡Deja que te inspire a ti y a los demás!

Eres único/a y tus aprendizajes y experiencias de vida tienen una influencia sobre el mundo que te rodea. La forma en que manejas -bien o mal- tus vivencias te darán a ti y a otros lecciones clave que pueden ayudarles a superar muchas cosas. A veces, escuchar otras historias nos ayuda a todos a sentirnos más normales y darnos cuenta de que todos somos humanos e imperfectos.

¡Tú puedes hacer cualquier cosa!

Sabes que siempre escuchamos "Puedes hacer cualquier cosa que te propongas" y es como uno de esos cuentos que les repetimos a todos los niños... a veces. A veces ni siquiera lo decimos porque no creemos en esa afirmación en lo más mínimo. ¿Realmente puedes hacer lo que sea? Cuando quiero algo y no lo persigo, me doy cuenta de que es porque me he convencido de que no soy lo suficientemente buena o que no lo merezco.

Bueno, estoy aquí para decirte que sí es verdad: puedes hacer cualquier cosa que te propongas. Aunque probablemente no vaya a ser fácil, y necesites ayuda y apoyo.

- Necesitarás personas que sean expertas en diferentes áreas a tu alrededor.

- Tendrás que empezar a moverte antes de que termines de diseñar todo el camino hacia tu meta.

- Incluso si tuvieras todo meticulosamente planeado, mucho cambiará.

- Deberás ir adaptándote a esos cambios, en cada paso del camino. Y aunque éste se vaya modificando, lo conseguirás si continúas trabajando para lograrlo.

- "Está bien si cambias de opinión". Permítanme decir eso una vez más. Está bien si cambias de opinión durante el camino.

- ¡Eso no te convierte en un fracaso! Incluso si fallas en llegar a la meta, habrás aprendido y logrado mucho.

Ahora, aquí está la advertencia. Puedes pensar que quieres algo y fijar tu mente en ello, y luego, a medida que avanzas y te acercas a tu objetivo, te das cuenta de que ya no te es tan importante, o no es lo quieres o que has ganado suficiente a lo largo del proceso, de manera que no sientes que valga la pena renunciar a lo que ya has conseguido sólo por seguir avanzando más lejos.

Pregúntate: "¿Qué necesito para creer en mí mismo/a? ¡Es tu trabajo creer en ti mismo/a!

Aquí hay algunas ideas.

- Reconoce tus logros: cuando hacemos algo, nos hace sentir bien, sin importar cuán pequeño sea. Revisa tu carpeta de Buen Trabajo o tu diario de agradecimiento.

- Palabras de afirmación: palabras habladas o escritas que te reconocen, te apoyan y te animan. Podrías poner notas autoadhesivas en tu escritorio o en el espejo de tu baño que digan cosas buenas sobre ti. Repítelas una y otra vez.

- Consigue algo de apoyo: un consejero, terapeuta o un grupo de apoyo.

- Comparte lo que tienes para

ofrecer: comparte tus habilidades y capacidades únicas con otra persona. Ayudar a los demás fortalece nuestra confianza en nosotros mismos.

Digamos por un momento que este capítulo te ayudó a creer en sí mismo/a y que estás listo/a para seguir adelante.

Pregúntate: "¿Qué quiero?"

Haz una lista de las cosas que quieres conseguir en tu vida. ¿Qué sería lo más significativo para ti?

Saber quién eres y tus cualidades únicas es algo enormemente poderoso. Es importante y te ayudará a vivir tu mejor vida, a la vez que también conseguirá marcar una diferencia en la vida de los demás.

Pasos fundamentales para creer que eres único/a

Paso 1: Escribe datos sobre tí. Sumérgete en la maleza: grandes experiencias de vida, cosas que aprendiste, cosas que arruinaste, cosas que hiciste bien.

Paso 2: Comparte tu historia. Tú importas y otros quieren escucharte.

Paso 3: Cree en ti mismo/a y enfoca tu mente en lo que quieres.

Paso 4: Haz una lista de objetivos para tu vida.

Cap. 8: El Monstruo Verde

Los celos provienen de nuestras propias inseguridades, no de los demás.

Bien, hablemos de los celos. A nadie le gusta que lo llamen celoso/a. Si me dijeras que estoy celosa, probablemente me molestaría. Hacemos todo tipo de cosas de las que ni siquiera nos damos cuenta por celos o despecho. Por eso lo llamo el Monstruo Verde. Se apodera de ti desde tu interior, como un monstruo. Solo vamos a tomar esto desde una perspectiva femenina, pero para ustedes, hombres, que quizás hayan sido lo suficientemente valientes como para leer este libro, ustedes también pueden aplicarlo. La definición de celos es sentir o mostrar envidia de alguien o de sus logros y ventajas. O, más bien diría, de lo que a nuestros ojos percibimos como ventajas.

Una hermosa mujer joven llega y hace las mismas cosas que tú en tu trabajo. Y de repente sientes un instinto incontrolable activándose, que hace que automáticamente te disguste. Comencemos por admitir que son celos. Casi no podemos evitarlo. No es como si estuviéramos tratando de ser celosos o malos o de compararnos con otras personas. Simplemente sucede y luego, una vez que sucede, tenemos demasiado orgullo para retractarnos.

Entonces, hablemos de este escenario por un segundo. ¿Por qué no queremos que nos agrade? Bueno, no se trata de ella en absoluto. Es sobre ti. Se trata de tus propias inseguridades. Se trata de cómo sientes que no reúnes esas cualidades. O sobre cómo sientes que no eres lo suficientemente bueno/a. Tu pelo no es tan largo. Tus zapatos no son tan lindos. No eres tan bonita/a. No eres tan agradable.

Tal vez sientas que a tus amigos les gustaría más que tú. O a tus compañeros de trabajo les agradaría más que tú.

Entonces, la realidad es que se trata de ti. No se trata de ella en absoluto. Algunas de las cosas horribles que hacemos a otras personas cuando estamos celosos ni las notamos o nos damos cuenta de que lo estamos haciendo al principio.

¿Qué pasa con tu amigo/a que viene a ti súper entusiasmado/a con una nueva idea? Quiere ir a cambiar el mundo y hacer algo grande en su especialidad y tú estás como:

"¿Qué estás pensando?"

"¿Has perdido la cabeza?"

"¿Estás seguro/a de que puedes hacer eso?"

"¿Por qué harías eso?"

"¿Por qué quieres hacer eso?"

Todas estas cosas negativas que les decimos porque tenemos miedo por ellos o por todas estas excusas que nos damos, pero la realidad es que estamos celosos de que tengan las pelotas para tratar de hacer eso, a diferencia nuestra.

He estado celosa tantas veces en mi vida y en mi carrera que me costó mucho encontrar el ejemplo perfecto.

Pienso en el momento en que estaba embarazada y una compañera de trabajo de mi esposo pasaba mucho tiempo con él. Fue a almorzar con él y compartió todo tipo de cosas personales con él. El problema no era ella o él, era yo. Él no estaba haciendo nada malo, pero yo estaba enojada y celosa porque estaba embarazada y confinada a quedarme en cama descansando, y no podía ir a almorzar, ni siquiera a trabajar. Este era mi segundo bebé. Y mi primera hija nació pesando menos de un kilo a las 24 semanas de gestación, siendo el bebé más joven nacido en el estado de Washington que sobrevivió. Estuvo en la Unidad de Cuidados Intensivos Neonatales durante 4 meses y medio. Entonces por este antecedente fue que los médicos me pusieron en reposo en cama a las 24 semanas cuando estaba embarazada de mi segundo hijo. No podía ir a ninguna parte ni hacer nada, solo podía acostarme y mirar televisión, llorar y gritar. Ya ves, pues, mis celos eran por mí y por lo que podía o no podía hacer, no por lo que él o ella estaba o no estaba haciendo. Mi esposo es un gran hombre, increíblemente leal, y hemos estado casados por 20 años ya.

Una vez que te das cuenta de que las personas que no te gustan son más acerca de ti que sobre ellos, empiezas a prepararte para que te gusten más los demás. Aprendes más de ellos. Tienes más compasión y comprensión por ellos. A su vez, eso te convierte en un mejor sistema de apoyo para ellos y en una mejor persona.

Nos decimos todo tipo de cosas en la cabeza que no son ciertas.

"Mi pelo es demasiado corto o demasiado fino o demasiado castaño".

"Mi nariz es demasiado pequeña o demasiado grande o mis ojos no tienen la forma correcta".

"Mis labios son demasiado finos o demasiado gruesos ".

"Estoy demasiado gordo/a o demasiado flaco/a o mi cuerpo no tiene la forma que desearía".

"No soy lo suficientemente inteligente ni lo suficientemente educado/a".

"No vengo de una familia lo suficientemente buena".

Tenemos todas estos pensamientos en nuestra mente. Y ya hablamos sobre el diálogo interno y las cosas que pueden evitar que hagas.

Entonces, cuando nos encontramos con alguien que nos pone celosos o que hace algo mejor que nosotros, dejamos que nos haga sentir mal con nosotros mismos. Luego los atacamos e intentamos que se sientan menos para nosotros sentirnos mejores. No estoy segura siquiera de por qué esto nos hace sentir mejor. Tal vez sea nuestro espíritu competitivo. A todo el mundo le gusta ganar.

La peor parte es cuando comenzamos a reaccionar a todas estas emociones, y respondemos dejando a esa persona fuera o ignorándola o mirando mal en su dirección. Cada vez que tienen una idea, les cerramos el paso. Los hacemos sentir estúpidos y tratamos de que se sientan tan inseguros como nosotros.

A veces incluso les decimos cosas malas bajo la premisa fingida de ayudarlos.

Apoyar más allá de los celos.

Tenía una buena amiga a la que, además de inspirarla y motivarla, le generé grandes ideas y eso la animó a hacer más con su vida. Fue entrevistada para un puesto de CEO. Anteriormente yo le había comentado que quería ir a trabajar para una organización sin fines de lucro. Un par de meses después, me presenté en su casa para llevarle el almuerzo y ella estaba recibiendo la llamada que le anunciaba que acababa de ser seleccionada como la nueva Directora Ejecutiva de una organización sin fines de lucro local. Estaba feliz por ella, pero era difícil de tragar. A mi ni siquiera me habían entrevistado, y es que en realidad ni siquiera había comenzado a aplicar tampoco. Pude sentir al instante cómo mi estómago se apretaba y tenía ganas de vomitar, y una desagradable sensación de frío se apoderó de mí. Pude reconocer mis celos de inmediato y aún así poner una gran sonrisa en mi cara y darle el mayor abrazo en apoyo.

Recuerda que los demás no pueden oír lo que estás pensando. Lo que importa es que DIGAS y HAGAS lo correcto.

Aquí estaba esta impresionante mujer latina, que merecía toda la grandeza que la vida tenía para ofrecer y era una líder increíble. Me sentí orgullosa de seguirla varias veces en mi carrera. Su consejo siempre fue sólido y significativo para mí. Yo no era la única que estaba celosa. El dueño de la empresa en la que ella trabajaba en aquel momento también estaba celoso. En lugar de mostrar apoyo a su gran empleada en un momento en que una líder como ella realmente se necesitaba en nuestra comunidad, simplemente le dijo todo tipo de cosas que no sumaban. Trató de desmerecer esta nueva empresa para la que ella iba a trabajar y le repetía cuánto mejor sería si se quedaba en su empresa actual.

Me sentí tan triste por ella cuando me contó sobre eso. Pero yo sabía por qué dijo todas esas cosas. Se trataba de él, no de ella. La mayoría de la gente reacciona como él. Y luego nos repetimos a nosotros mismos que lo hicimos porque los estábamos cuidando. Estábamos tratando de protegerlos. Estábamos tratando de hacer lo que creemos que es mejor para ellos. Eso es basura. Si eso describe lo que haces tú, déjalo ahora mismo. No estás verdaderamente ayudando ni apoyando.

Se sentía mucho mejor estar del otro lado. Ser una de las personas que la apoyaban y no trataban de derribarla.

¿Cómo reconocer que estás celoso/a y usarlo en tu beneficio?

Bueno, veamos ahora cómo lo usas a tu favor. Si te pones celoso/a eso apunta a que estás inseguro acerca de algo. También puedes verlo como que has identificado algo que deseas. Una vez me di cuenta de lo celosa que estaba de que mi amiga fuera ascendida a directora general, supe que eso era lo que yo también quería. Ansiaba ser directora general de una empresa. Antes de ese episodio, no me sentía tan convencida de ello.

Tenemos opciones sobre cómo manejar esa información. Puedes decidir que hay algo en ti que quieres cambiar. Que quieres hacer diferente.

En mi caso, no me di cuenta antes de que eso realmente me importaba, de que realmente lo ansiaba. Resulta que sí. Así que tomé la motivación que me dió y comencé a trabajar en ello. Y hoy soy la CEO de mi propia empresa. A veces, cuando otras personas hacen cosas es cuando descubrimos que son algo que nosotros también queríamos o queremos.

- El truco es reconocer que estabas celoso/a.

- Averiguar por qué estabas celoso/a.

- Luego, decidir si eso es lo que realmente quieres.

- Descubrir cómo usar esa información nueva a tu favor y conseguirlo.

Si alguien más tiene algo que tú quieres, puedes simplemente preguntarle cómo hizo para conseguirlo, aplicar sus consejos en tu propio camino y lanzarte a buscar lo mismo para ti.

Una vez estaba en una reunión de networking. Vi a una mujer que se había cambiado el pelo y se veía radiante. Para ser específica, se hizo poner extensiones de cabello. Se veía hermosa y su cabello lucía fantástico. Mientras la felicitaba por su cambio de look, sentí una punzada en el estómago. Me di cuenta de inmediato que estaba sintiéndome celosa. ¿Qué iba a hacer al respecto? ¿Quería ponerme yo también extensiones? Le pregunté al respecto e hice un plan y te dejaré saber cómo resulta. Tuve que decidir si estaba dispuesta a hacer todo el trabajo que requiere su cuidado y pagar ese dinero.

Reconocer y eliminar.

Hay otra cosa acerca de los celos. Habrá ocasiones en las que no puedas evitar que otra persona esté celosa de ti. Te encontrarás con momentos en tu vida en los que necesitarás reconocer los celos que alguien más siente hacia ti y quizás alejarte del entorno, porque tal vez la otra persona no pueda controlar sus emociones. Cuando se trata de eso, considera un cumplido que hayas sido tan bueno y tan fuerte.

A medida que continúes ganando más confianza, te encontrarás más frente a situaciones así. Hay personas que nunca lo superarán para apoyarte. Siempre van a ser tóxicos hacia ti y no importa el papel que desempeñen en tu vida, si es tu jefe, tu hermana, tu mejor amigo, un padre, un compañero de trabajo o incluso una persona más importante. No habrá nada que tú puedas hacer para cambiar cuán tóxicos son.

Mi hermana y yo vivíamos juntas e íbamos a trabajar para perder peso. Era enero y ella había hecho un gran alboroto acerca de que no iba a ayudar a nadie más. Hizo planes para la comida. Ella ordenaba comidas especialmente preparadas de, ya sabes, una de esas compañías de pedidos de empaques de alimentos saludables diarios. Tenía un libro de recetas especiales para bajar de peso. Tenía también un entrenador personal online. Se aseguró de que yo supiera repetidamente que "no iba a ayudar a nadie más", refiriéndose a mí.

Ella no iba a "limpiarle el culo a nadie". Esa fue su expresión mientras estaba en su viaje de pérdida de peso, estaba haciendo esto sólo por sí misma.

Yo estaba totalmente bien con eso, y tenía mi propia agenda de todos modos. No estaba preocupada por lo que ella estaba haciendo y confiaba en mis propios planes. Bueno, me hacía batidos y cumplía con una rutina de ejercicios T-25 todos los días. Estaba perdiendo peso regularmente. Estaba feliz con mi propio plan.

¡Ella no podía soportarlo!

Estaba enojada porque tenía un plan de alimentación diferente que estaba funcionando. Se la pasaba tratando de empujarme su comida. La volvió loca, el hecho de que yo no estuviera usando su plan y lo estuviera haciendo diferente. Era desagradable y agresiva sobre cada decisión que yo tomaba. Mis batidos eran estúpidos. Estaba enojada porque hacía ejercicio temprano en la mañana en lugar de tarde en la noche cuando a ella le gustaba hacer ejercicio. Se ponía desagradable y agresiva con todo.

Me tomó un tiempo darme cuenta de que era porque estaba celosa. Le preocupaba que, si perdía más peso siguiendo mi plan, la haría sentir que el suyo no era lo suficientemente bueno. Cuanto más tiempo pasábamos juntas, más actuaba así en todos los aspectos de nuestras vidas.

Parecía volverse más insegura y cuanto más confiada estaba yo, peor le hacía. La amaba mucho, pero ésta ya no era forma de vivir.

Ella no debería sentirse insegura y yo no merecía ser tratada horriblemente todos los días debido a esas inseguridades. Ese año decidimos que probablemente ya no deberíamos vivir juntas. Sabía que me amaba y se preocupaba por mí, pero no podía evitarlo. Necesitaba tirarme abajo para sentirse mejor. Ella no conseguía ser más amable ni apoyarme cuando estábamos tan cerca. En estos días nos amamos a la distancia.

Es un gran paso identificar a las personas en tu vida que siempre buscan tirarte abajo y nunca ofrecen su apoyo. Necesitarás poner distancia con ellos. No puedes controlar a los demás, sólo puedes controlar las decisiones que tomas por ti mismo/a.

Pasos fundamentales para lidiar con tu Monstruo Verde

Paso 1: Comienza por reconocer cuando estás celoso de otra persona. Ya sabes que te voy a decir que lo escribas.

Paso 2: Escribe a qué inseguridades están apuntando los celos. Escribe lo que tus celos te están diciendo sobre ti mismo/a. Haz una lista de lo que planeas hacer al respecto.

Paso 3: Apoya a los que te rodean aún a pesar de tus celos. Recuerda que los demás no pueden oír ni sentir tus pensamientos, y que siempre tienes la oportunidad de hacer y decir lo correcto.

Paso 4: Usa tus celos para tu beneficio. Úsalo para motivarte a la acción y lograr tus superar esas inseguridades internas.

Paso 5: Reconócelos también en los demás, y remuévete de esa situación si es necesario.

Cap. 9: Tienes que pedir lo que quieras

El poder de tu mente.

En el trabajo me pidieron que me uniera a un nuevo proyecto. Comenzó con una hoja de papel blanco con la palabra "Sendero" garabateada en el medio, con una nube y líneas saliendo de ella que tenían otras palabras como "2 años" y "aprendizaje", "liderazgo", "recompensas", "videos", "dispositivos móviles", "asociados en todos los niveles", como una caótica lluvia de ideas. Tomé ese papel, añadimos más ideas y luego comenzamos a desarrollarlo e involucramos a otros expertos en la materia; y en dos años convertimos ese papel en una ruta de capacitación de mil millones de dólares para 2.5 millones de asociados en todo los Estados Unidos.

Mi punto es que necesitas empezar en alguna parte.

Digo "empieza por escribirlo". Escribe lo que quieres hacer. ¿A dónde quieres ir? ¿Quieres una casa nueva, un auto nuevo, un trabajo mejor, un jefe diferente? ¿Quieres irte más de vacaciones, hacer más cosas con tu familia?

Escríbelo en papel o haz una lista en tu teléfono.

Una vez que empiezas a sacártelo de la cabeza y lo pones en papel, comienza a volverse real. Se vuelve mejor y más enfocado con el tiempo. No comienza como algo grandioso. Lo vuelves genial a medida que piensas más en eso y recibes aportes de otros. Continúa enfocándote en eso, agregándole ideas y haciéndolo mejor.

Hablarás de ello con otros y ellos podrían tener algo que aportarte que te ayude.

Estaba escribiendo este libro y explicando algunos capítulos, y alguien me dijo: "Deberías agregar páginas de notas en blanco para escribir en él, como un libro de tareas".

Me encantó, y si tienes una copia física, tendrás esas páginas de notas para ver realmente hasta dónde has llegado.

Debes ponerlo en marcha. Tu mente tiene el poder de hacer que sucedan cosas asombrosas. Es tu trabajo hacer rodar la pelota. Si necesita ayudas, hay personas que pueden ayudarte a llegar a donde quieres ir. Y aquellos que no creen en ti o intentan hacerte retroceder, eso lo dejaremos para otro capítulo.

Entrenador.

Consíguete un coach que se especialice en el área en la que deseas progresar. Por ejemplo, si se trata de hacer crecer tu

negocio, consigue un gurú de los negocios;
si se trata de ser mejor en finanzas, busca
un coach financiero; si estás intentando
avanzar en tu vida en general, consigue un
guía de vida. Otro gran lugar para obtener
asesoramiento es con un profesional en el
campo que te interesa en específico. Ellos
pueden compartir contigo su viaje hacia el
éxito en lo que sea que se especializan
y su experiencia puede ayudarte a tomar
decisiones por ti mismo/a adaptándolas a tu
propio camino.

He descubierto que la mayoría de las
personas en cualquier nivel en el ámbito
de los negocios se reunirían contigo para
hablar sobre ellos mismos. Es una de las
cosas que más le gusta hacer al ser humano.
Es un ganar-ganar, pueden hablar sobre sí
mismos, lo que aumenta su confianza, y tú
aprendes cosas valiosas que puedes usar en
tu día a día.

He tenido la oportunidad de reunirme con
varios ejecutivos de alto nivel y directores
ejecutivos de prestigio simplemente

preguntándoles si les importaría compartir su historia conmigo. Y he aprendido montañas de cosas útiles de esas conversaciones. También he aprendido a hacer algunas cosas de manera diferente a las sugeridas. Desde cosas pequeñas, como por ejemplo el cómo deciden vestirse para presentarse ante el mundo, hasta cosas grandes que realmente marcaron la diferencia.

En otra oportunidad le pregunté a una vicepresidenta ejecutiva si se reuniría conmigo y quedé increíblemente decepcionada con la conversación. No parecía tan interesada en hablar conmigo, a pesar de que asistió a la reunión. Lo único realmente útil que dijo fue:

"Incluso si no te importa el trabajo que estás haciendo, indaga y aprende todo lo que puedas sobre ese rol".

"Cuanto más profundices y aprendas en cada posición, mejor estarás".

En ese momento pensé que era una estupidéz. "Aprende sobre lo que estás haciendo". Bueno, duh... ¿no es eso lo que hace todo el mundo? Pero luego, a medida que pasaban los días y las semanas, pensé más en profundidad en lo que me dijo. Quiero decir, después de todo, ella era una vicepresidenta ejecutiva, y si creía que ése era el consejo más valioso que podía darme, debería escuchar. Lo puse a trabajar y realmente profundicé en lo que estaba haciendo. Aprendí sobre las finanzas de la empresa, los estados de pérdidas y ganancias, así como sobre cómo automatizar los datos en una presentación de PowerPoint y, con el tiempo, terminé asumiendo el papel de nuestra persona de finanzas cuando ella se fue.

Todas esas habilidades también volvieron a ser útiles años más tarde, cuando dejé el gran mundo corporativo y comencé mi propia pequeña empresa. Tener una gran perspicacia financiera es la razón por la que pude abrir, hacer crecer y vender mi pequeña empresa en sólo 4 años.

A veces ni siquiera te das cuenta de lo que aprendes de una conversación. También puede funcionar en formas más pequeñas. Digamos que quieres un auto nuevo y no sabes por dónde empezar. Pregúntale a alguien que conozcas que tenga un buen auto cómo lo consiguió. Entonces podría decirte algo como que lo compró gracias a un préstamo que obtuvo de un banco determinado. ¡Genial! Ve a hablar con alguien de ese banco sobre cómo funcionan sus préstamos para automóviles. Podrían decirte que lo compres en un lote de autos, entonces sólo tienes que ir a un lote de autos.

Siempre hay personas que pueden ayudarte a resolver las cosas, a saber más claramente cuál es el siguiente paso que debes dar. Pero primero debes apuntar en una dirección y tener claro lo que deseas. Tu mente es una herramienta poderosa. Úsala para tu beneficio.

Los tableros de visión son una gran herramienta.

Déjame darte un ejemplo. Yo estaba trabajando para una empresa minorista en las tiendas. Hice un trabajo excelente y siempre me llamaban para salvar el día, arreglar la tienda o hacer que sucedieran cosas importantes en muy poco tiempo. Vacié cuarenta remolques en 5 días, y almacené 10 semirremolques de carga, y limpié una tienda completa en 3 días para salvar los trabajos de muchas personas. Siempre tuve la mejor predisposición y coseché mucho éxito y premios, pero quería ser Gerente de Tienda. No importaba lo que lograba, siempre elegían al otro tipo.

Así que decidí, y permíteme decir esto nuevamente, porque ésta es una de las frases más importantes para hacer avanzar tu vida. *Decidí*. Decidí que iba a averiguar cómo ser Gerente de Tienda.

Tomé el resumen que salía todos los días, resalté el título de gerente de la tienda y lo colgué en un cajón de mi archivador. Destacaba uno nuevo cada semana. Cada vez que abría mi archivador y lo veía allí, me impulsaba a avanzar al siguiente paso.

Hablé con mi gerente de tienda y mi gerente de mercado. Me dijeron muchas cosas que no quería escuchar. Me dijeron que tenía que valorar más las opiniones de los demás, reconocer diferentes perspectivas. Ambos estaban en lo cierto, aunque no me gustara admitirlo. Leí de nuevo el libro de Dale Carnegie "Cómo ganar amigos e influir en las personas" (también recomiendo "Consejos de comunicación" de Dale Carnegie, y "Conversaciones transformadoras..."). Estudié los capítulos y los volví a poner en práctica.

Después de un tiempo, era evidente que con todo el crecimiento mental y emocional por el que había pasado, siempre me vería igual ante los ojos de las personas que me rodeaban, y si realmente quería una oportunidad, tendría que alejarme de la gente con la que había crecido. Necesitaba un lugar fresco para poner en práctica todo lo que había aprendido e internalizado. Decidí entonces trasladar a mi familia al otro lado del país, para comenzar de nuevo y seguir creciendo hasta convertirme en el tipo de gerente de tienda que sabía que podía ser. Tuve que tomar algunas decisiones difíciles y salir de mi zona de confort, y hacer algunas cosas que realmente temía si quería alcanzar mi objetivo. Mudé a mi familia de Spokane, en Washington, a Tulsa, en Oklahoma, y me convertí en una gran gerente de tienda. Fui el mejor gerente de tienda que podría haber soñado ser y fui calificada -de hecho- como la mejor gerente de tienda en mi categoría; y me ofrecieron un puesto para ir a la oficina corporativa y ayudar a abrir 500 tiendas más como la mía en todo el país. Todo comenzó en el momento en que yo decidí lo que quería y me propuse hacerlo.

El universo no puede ayudarte si no pides.

¡Así es! Tienes que pedir lo que quieres.

Siempre me enseñaron que debía mantener la cabeza baja y trabajar duro, y sería reconocida por ello. Es posible que tú hayas tenido una formación similar.

Bueno, resulta que eso sólo es cierto si tienes un gran líder como jefe, y si tiene el poder de reconocerte o promoverte. Como esa es una combinación poco común en estos días, tienes que pedir lo que quieres. Tienes que pedirle al universo. Tienes que pedirle a tu compañero de vida. Tienes que pedirles a tus amigos, a tus hijos, a tu jefe. Tienes que pedir, por muchas razones. No sólo porque no te lo darán si lo pides, sino también porque necesitas entender más sobre cómo conseguir lo que quieres. Tienes que empezar preguntándole al universo.

¿Qué significa eso? Comience por escribirlo, por decirlo en voz alta, por orar al respecto.

Si no lo estás materializando de alguna forma, no puede venir a ti. ¿Por qué crees que los tableros de visión funcionan tan bien o los grandes atletas realizan ejercicios de visualización?

Cuando empiezas a pedir, estás poniendo el foco en eso que quieres.

- Empiezas a notar cosas que se relacionan con lo que quieres.

- Aprendes tantas cosas sobre lo que quieres.

- Aprendes qué otras maneras podrían haber para obtenerlo.

- Te darás cuenta de quién te apoya y quién no.

- Comienzas a conocer personas que han hecho lo que quieres hacer y otras que pueden ayudarte a lograrlo.

Si quieres hacer algo en tu empresa y tu empresa no te deja, hay un millón de otras empresas por ahí.

Cuando era más joven, tenía miedo de pedir lo que quería. Tenía miedo hasta de decirlo en voz alta. Me avergonzaba lo que otros pensaran de mi por querer más. Tenía miedo de lo que pasaría si mi jefe decía que no podía ascenderme o mis compañeros de trabajo no me apoyaban. Entonces, seguí trabajando duro y esperaba que alguien adivinara mi deseo. Algunos lo hicieron, pero otros no. Tenía tanto miedo de sus pensamientos y opiniones. Cuando tenía poco más de 20 años, quería ser gerente de Co-Store y seguía siendo ignorada. Entonces, finalmente hablé con mi gerente de mercado. Para cuando tuve las agallas de hablar con él, había dejado que toda la angustia y los sentimientos me abrumaran durante meses. Estaba aterrorizada por la conversación. Apenas podía hablar sin querer llorar. Lo que me dijo no era lo que yo quería escuchar, pero era cierto, y seguí su consejo. Si nunca hubiera tenido esa conversación, nunca habría entendido lo que se necesitaría para pasar al siguiente nivel.

Hay suficiente lugar para todos.

No importa qué idea tengas, hay suficiente margen para moverte alrededor de ello. Por ejemplo: en 2017 Sabrina abrió una empresa de pintura en su pueblo. Ya había varias otras empresas de pintura. Tenía mucha competencia. Sin embargo, no se preocupó por eso, sólo se concentró en brindarles a sus clientes la mejor experiencia posible y pudo generar alrededor de $30,000 en ventas al mes. Ahora bien, si hubiera estado preocupada por la competencia en lugar de concentrarse en ser lo mejor que podía ser, no habría tenido éxito y no habría podido vender su empresa de pintura, que tuvo un éxito notable, 4 años después.

A veces nos preocupamos tanto por lo que hacen los demás, o por cómo ellos podrían estar llevando a cabo nuestra misma idea, que dejamos que nos impida avanzar. Y no hablamos de lo que queremos, porque no queremos decírselo a nadie.

Evitamos que nuestros sueños se hagan realidad porque tenemos miedo de lo que alguien más pueda hacer. Así que déjame desmentir algunos mitos por ti.

La mayoría de las personas te apoyarán y querrán ayudarte. Alguien más podría intentar hacer lo que tú estás haciendo, pero lo hará en base a su propia experiencia y sus antecedentes, por lo que su resultado será diferente al tuyo. Nadie lo hará exactamente como tú. Piensa en todas las marcas existentes de cualquier producto y todas las imitaciones similares: ninguna es exactamente igual a la otra. De la misma manera, hay un cliente para cada una. Hay un cliente para esa cartera de $1,000 y otro para la cartera que cuesta $100. Hay un cliente para un par de zapatos de $100, otro para un par de zapatos de $200 y otro más para un par de zapatos de $1000.

Una vez que comienzas a exponer lo que deseas o quieres hacer, efectivamente estás trayendo esa idea a la vida. Estás empezando a hacer que suceda. Debes creer que hay abundancia en el mundo y que tú también te mereces esa abundancia.

Por ejemplo: Heather y su novio Billy viven juntos en un pequeño estudio. Cada uno de ellos tenía trabajos de salario mínimo y realmente querían un camión. No tenían mucho dinero ni buen margen para un crédito, pero realmente querían ese camión. Billy le dijo a su jefe y a sus compañeros de trabajo que estaba buscando un camión. También se lo comentó a su familia y miraban camiones todo el tiempo. Un día, el jefe de Billy le contó que conocía a un tipo que podría tener un camión que encajaba bien con su presupuesto, pero estaba en otra ciudad. Bueno, Billy terminó haciendo cerrando el trato y consiguió el camión. Ahora bien, si él no le hubiera dicho a nadie lo que quería, nunca habría conseguido lo que quería.

A veces no es tan fácil para nosotros creer que hay abundancia de eso que necesitamos o queremos y -por lo tanto- una forma a nuestro alcance para conseguirlo, especialmente si nuestra exposición ha sido limitada. No te preocupes por lo demás, concéntrate en ti y en lo que quieres. Recuérdate a ti mismo que hay mucho de eso en el mundo.

Estoy escribiendo este libro para ayudar a otros a alcanzar sus metas y sueños, y tengo que creer que hay mucha gente en el mundo que lo elegirá entre tantos otros libros, lo leerá y que agregará valor a sus vidas.

Puedes aprender cualquier cosa, pero si no quieres, busca a alguien que ya sepa.

¡No vas a saberlo todo, así que deja de intentarlo!

No tienes que saber exactamente cómo conseguir lo que quieres.

No tienes que saber a la perfección todos los pasos, ni siquiera la mayoría de ellos.

Siempre hay alguien que sabe las cosas que tú no. No tienes que resolver todo por ti mismo/a. Está bien pedir ayuda y, lo que es más importante, aceptar ayuda. Si hay algo que no puedes hacer o no sabes cómo, busca a alguien que sí lo sepa. También habrá cosas que no querrás aprender o que te costará aprender. Encuentra a alguien que ya lo sepa y usa su conocimiento a tu favor. La mayoría de las personas están dispuestas a compartir sus conocimientos. Ayudar a otros hace que se sientan bien. Hace que la gente se sienta valiosa. Eso no quiere decir que no hagas nada por tu cuenta, sino que no dejes que lo que no sabes te detenga.

Pasos fundamentales para pedir lo que quieres

Paso 1: Escribe lo que quieras. Haz una lista o usa una caja de sueños, escribiendo uno en cada trozo de papel y poniéndolos en la caja. No importa cómo, sólo sácalo fuera de tu cabeza, tráelo a tu vida de una manera concreta.

Paso 2: Dile a los demás lo que quieres. Cuéntales tus metas y tus sueños. Deja que la gente incluso te diga "no". ¡Cada "no" te enseña algo y te acerca mucho más al "sí"!

Paso 3: Haz una visualización desde una mentalidad de abundancia. Prepara un tablero de visión o resalta las palabras en un papel en algún lugar donde lo mires todos los días. Haz ejercicios de visualización. Visualízate obteniendo lo que quieres.

Paso 4: Aprovecha el conocimiento de los demás. Si la gente no lo ofrece de buena gana, búscalo.

Cap.10: Cuestiones de seguridad financiera

¡Págate a timismo/ahoy!

Cuando sientes que tienes una base financiera sólida, tomas mejores decisiones. Das pasos más grandes porque sientes que tienes un colchón para atajarte si no funciona. No estás tan desesperado. No te quedas en un trabajo en el que te tratan mal. Vas tras lo que quieres con más confianza.

¿Qué significa seguridad financiera?

Esta pregunta puede ser difícil de responder, porque a la mayoría de nosotros nos dijeron que era grosero o inapropiado hablar de dinero. En realidad, depende de la edad que tengas. Si eres joven y tienes $500 en ahorros, entonces te sientes financieramente seguro. Una vez que comiences a pagar todas tus facturas, $1500 en tus ahorros te harán sentir seguro. La seguridad financiera significa diferentes cosas para diferentes personas. Sí, hay algunas pautas en común, pero debes responder a la pregunta: ¿qué significa para mí la seguridad financiera?

Bueno, para mí significa que estoy en camino de jubilarme a los 65 años y vivir con ese dinero hasta los 90. Tengo un ingreso estable. Tengo el dinero para pagar mis cuentas cada mes y un poco más para divertirme. Tengo dinero para dos vacaciones al año y tengo dinero en ahorros. Para obtener más detalles al respecto, lee mi próximo libro *"Ahorra, soluciones fundamentales para tus finanzas"*.

La seguridad financiera es un estado mental.

Mi esposo y yo teníamos poco más de treinta años y habíamos agotado todas nuestras tarjetas de crédito. Gastábamos en todo tipo de cosas: salir a comer, regalos de Navidad para nuestros hijos, vacaciones en Disney World...

La rutina cotidiana de pagar estas cuentas de tarjetas de crédito a medida que continúan acumulándose se volvía cada vez más estresante. Algunos meses apenas podíamos pagar todas las facturas de las tarjetas de crédito y nuestras facturas regulares.

Por supuesto, esto sólo hacía que siguiéramos usando nuestras tarjetas de crédito. Luego lo haríamos de nuevo el próximo mes, haríamos nuestros pagos con tarjeta de crédito y luego usaríamos el margen que obteníamos en nuestras tarjetas de crédito para pagar las facturas de ese mes. Era como un ciclo interminable. Fue increíblemente abrumador, y siempre teníamos miedo de ir a la quiebra. La deuda de nuestras tarjetas de crédito se había salido tanto de control que hacía que discutiéramos y peleáramos al respecto. Ya no estaba segura de lo que deberíamos hacer o cómo deberíamos manejarlo.

Estado mental.

Mi esposo y yo habíamos sido asesorados para ahorrar para la jubilación a una edad temprana. Llegados a este punto, nos preguntábamos si era más inteligente utilizar nuestra jubilación para saldar deudas. Permíteme comenzar diciendo que estoy muy contenta de que no hayamos hecho eso. Nuestro asesor financiero era un tipo muy inteligente. Cuando lo llamamos para preguntarle qué pensaba que debíamos hacer, nos hizo varias preguntas.

· "¿Estás pagando todas tus facturas?". Le dije: "Bueno, sí, por supuesto".

· Él dijo: "¿Estás atrasado en algo?". Le contesté: "No, por supuesto que no".

· Él replicó: "Entonces, todas sus facturas están pagadas y al día". Le respondí: "Sí, por supuesto, todas están al día".

· Entonces soltó: "Déjame explicarte algo. Tu problema es un estado mental".

Al principio, me molestó. Un jodido estado mental. No va a ser un estado mental cuando quiebre.

Pero agregó: "Tu problema no es dónde estás financieramente, tu problema es cómo te sientes sobre dónde estás financieramente".

Y continuó explicando que hay millones de personas en todo el mundo que ni siquiera pueden pagar el alquiler, que sus tarjetas de crédito tienen 6 meses y 8 meses de atraso y su estado financiero se encuentra colapsado.

No estás en ese tipo de forma. Sólo estás muy preocupado/a.

Bueno, supongo que eso era cierto.

Entonces, él sugirió: "Está bien, hagamos esto, ya estás pagando todas tus cuentas, pero no te sobra dinero". Sugirió que revisáramos juntos nuestros extractos bancarios. Revisamos los extractos bancarios de 3 meses. Encontramos mucho café y salidas a comer, por ejemplo, así que nos habló sobre lo que podíamos hacer al respecto. Que podíamos hacer más café en casa y cenar más en casa, en lugar de hacer estas cosas afuera.

Lo más loco de toda esta conversación es cómo me sentí después.

Antes de que tuviéramos la conversación, sentía que el mundo se estaba derrumbando, que simplemente no podía hacerlo y que me iba a romper o colapsar o que algo horrible iba a pasar debido a toda esta deuda en la que nos habíamos metido. Entonces empieza todo el diálogo interno, sobre lo horribles y estúpidos que éramos. Todas estas cosas negativas que nos decimos a nosotros mismos. Me sentía avergonzada y culpable.

Después de esta conversación me sentí aliviada y motivada. Teníamos una dirección y sabía que podíamos preparar café en casa y comenzar a planificar las cenas para la semana. Había muchas cosas que podíamos hacer que nos ayudarían a ahorrar dinero y gastar menos. Podíamos hacer un plan para nuestras tarjetas de crédito e íbamos a pagar una a la vez. (Nuevamente, para obtener más detalles, lee mi próximo libro *"Ahorre, soluciones fundamentales para sus finanzas".*)

Tenía un plan, yo tenía un enfoque. Estaba motivada. De repente, podía manejarlo todo. Mi esposo y yo pagamos todas nuestras tarjetas de crédito y nos liberamos de deudas, y volvimos a endeudarnos, y salimos varias veces más durante los siguientes 20 años.

La visibilidad financiera importa.

Si tus finanzas están en buena regla y no tienes problemas económicos, puedes saltarte la siguiente parte y seguir adelante. Pero si piensas que te serían útiles algunos consejos y tips que tienen un historial de éxito probado, entonces sigue leyendo.

Para obtener el control de tus finanzas, debes tener un panorama financiero completo. Necesitas saber cuánto dinero entra y cuánto sale. Recoge todas tus facturas y haz una lista. "Alquiler/hipoteca $xxxx - Vence el 5°". Puedes escribirlo en una hoja o hacer una lista en tu teléfono o incluso una planilla de cálculo. Necesitas una visibilidad completa. Necesitas una lista de cada una de tus facturas y su fecha de vencimiento. Y sí, de las tarjetas de crédito incluye también su tasa de interés. Debes comparar todas las facturas que has encontrado con tus extractos bancarios y también sumar a ello todos los recibos que encuentres.

Luego, debes calcular cuánto ingresa. Una vez que revises tus estados de cuenta bancarios, estoy segura de que verás con más claridad muchas cosas que puedes hacer de manera diferente, como cancelar las membresías u otras suscripciones.

Obtener una visibilidad completa de tu panorama financiero es el primer paso para el bienestar económico. No puedes y no podrás comprender tu situación financiera si no puedes verla.

Anótalo en algún lado, ponlo sobre la mesa. Y si tienes alguna idea de cómo diagramar un presupuesto, sería una genial idea que lo intentaras.

Te diría que un presupuesto es lo más útil para planificar el futuro, y para ayudar a los jóvenes a comprender cuánto necesitarán ganar en sus trabajos.

Pero hacer un presupuesto en la vida real muchas veces puede terminar en que, al ver que no hay dinero suficiente para hacer todas las cosas que quieres hacer, rápidamente el presupuesto se va por la ventana.

Ahora bien, si eres un gran presupuestador y te ha funcionado, entonces excelente trabajo y continúa haciéndolo así. Probablemente no encuentres mucho en este capítulo que no sepas ya.

Personalmente, recomiendo una estrategia como la siguiente:

- Paga tus cuentas.

- Compra tus alimentos y artículos de necesidad básica o del hogar.

- Págate a ti mismo/a en forma de ahorros o un fondo de retiro, o ambos.

- Juega.

Déjame contarte cómo le fue a Tabitha. Tenía 24 años y se había metido en un lío financiero. Diariamente hacía más giros en su cuenta bancaria y estaba en su límite de sobregiro de $500. Su parte del alquiler junto a su compañera de casa estaba un mes atrasada. Su porción era de $400, y acababa de perder su trabajo, y aunque ya había conseguido uno nuevo, no iban a pagarle hasta dentro de otras 2 semanas. El pago de su automóvil y su seguro estaban atrasados. En total, ella estaba debiendo alrededor de $ 1500 dólares. La peor parte era sentir que se estaba ahogando. Tenía vergüenza y miedo de contarle a alguien más sobre su situación. Tampoco tenía dinero para comida ni gasolina. ¿Por dónde empezamos a encarrilarla con su futuro financiero?

Vivienda, Capacidad para ir a trabajar, Deuda y Necesidades.

Por supuesto, tuvimos que cambiar su forma de pensar y hacer un plan.

Primero tenía que detener la hemorragia, empezando por dejar de usar su tarjeta de débito mientras estuviera en sobregiro. Para hacer eso, tomamos su tarjeta de débito y la pusimos en una bolsa Ziplock llena de agua, y la metimos en el congelador. Literalmente la congelamos. Ahora, si quería usarla, tendría que esperar a que se descongelara, dándole tiempo para repensar en su decisión.

Luego pidió dinero prestado para pagar el alquiler y mantener su vivienda. Tomó tres trabajos de niñera y cuidadora de perros esa semana, además del habitual. Ese dinero se le transfería electrónicamente para que se depositara directo en su cuenta.

Hicimos entonces un enfoque de 3 puntas.

1. Todo el dinero de su trabajo diario se destinaba a pagar su automóvil y el seguro, y a pagar el préstamo con el que pagó el alquiler.

2. Todo el dinero de sus trabajos de medio tiempo cuidando niños y paseando perros se destinaba a sacar su cuenta bancaria del saldo negativo.

3. Luego se puso en contacto con todas las personas que ella y sus padres conocían para preguntarles si tenían algunas tareas que ella pudiera realizar por las que estuvieran dispuestos a pagarle. Obtuvo algunas, como limpiar ventanas y zócalos, y otras tareas similares. Ese dinero es el efectivo que usó para comida y gasolina.

4. Finalmente planificamos los demás pasos a seguir. Conservaba todas sus facturas en una aplicación en su teléfono,

clasificándolas en orden por fecha de vencimiento y separó lo que pagaría con las ganancias de su primera quincena y lo que pagaría con su segundo cobro del mes. Canceló todas sus suscripciones y detuvo todo lo que se retiraba automáticamente hasta que tuviera más control.

En 45 días, Tabitha había salido del hoyo y estaba de vuelta en el camino. También consiguió una mejor situación de vida, que costaba un poco más, pero para entonces ya ganaba lo suficiente y tenía dinero para mudarse.

¡Págate a ti mismo/a primero! ¡Tú importas!

¿Por qué pagarte a ti mismo/a? Cuando tienes dinero en ahorros te da una sensación de seguridad financiera. Te genera un profundo orgullo y confianza interior, que te dan más fuerza y un mejor juicio al tomar decisiones de vida.

Por ejemplo:

Cuando tienes una cuenta de ahorros de emergencia, es posible que no continúes trabajando para alguien que te trata mal porque tienes el dinero para pagar el alquiler durante uno o dos meses mientras encuentras un nuevo trabajo. Te da algo de espacio para respirar si pierdes tu trabajo inesperadamente o si tienes una factura médica inesperada.

¿Cómo te pagas a ti mismo/a?

Empezando por construir cuentas con el fin de cuidar de ti. Cuentas de ahorro, de emergencia y para la jubilación.

La parte más importante no es cuánto, sino cómo empezar.

Como parte de tus facturas, tienes que destinar una cantidad para ser puesta en una cuenta de ahorros o un fondo para la jubilación. Empieza de alguna forma.

Comienza con el 1% de cada cheque de pago en cada una. Luego agrega un 1% más cada dos meses hasta que llegues al 6% o al 10% o hasta que te duela y luego quizás disminuye un poco.

- Podría ser tan poco como $5 al mes o $20 al mes.

- Si hablas en serio, podrían ser $100 al mes o $200 al mes.

- No es tan importante la cantidad, sino la consistencia al hacerlo.

Hay dos etapas: tu cuenta bancaria de emergencia debería estar en la etapa de creación. Tener algo de estabilidad financiera en la forma de una cuenta de ahorros, incluso si vives de pago en pago y mes a mes, va a darte la confianza que necesitas para tomar las decisiones correctas para seguir adelante en tu vida.

Lo loco de los fondos de jubilación o de retiro es que si los empiezas cuando tienes 20 años, probablemente será millonario con una inversión mucho menor. Sin embargo, la mayoría de nosotros no comenzamos a trabajar en eso hasta que tenemos 40 años.

Cuando tienes un fondo de jubilación, te brinda la confianza que necesitas para poder crecer y desarrollarte y tomar riesgos u oportunidades.

Pasos fundamentales para avanzar hacia la seguridad financiera

Paso 1: Reconoce y obtén claridad sobre tu estado mental en cuanto a lo económico, como punto de inicio hacia tu seguridad financiera.

Paso 2: Gana visibilidad en tu situación financiera completa. Todos tus ingresos y gastos. Anótalos y lleva registro de ellos de manera concreta.

Paso 3: ¡Págate a ti mismo/a siempre! ¡Empezando desde hoy!

Paso 4: Lee mi próximo libro *"AHORRA, Soluciones fundamentales para tus finanzas"*.

Cap. 11: ¡Profundiza entu determinación!

¿Cómo laencuentras y cómo lausas?

¿Qué es la determinación?

Mi hijo vino a mí un día y me preguntó: "Mamá, ¿tú crees que tengo determinación?"

Estaba tan preocupado por fracasar en la universidad y su profesor del curso de ingreso a la universidad le dijo que para tener éxito en ella tenía que tener determinación.

Pensó que seguramente era eso, que no la tenía y ésa era la prueba de que iba a fallar.

Me di cuenta por su tono; tenía miedo de escuchar mi respuesta.

Lo miré directamente a los ojos y le dije: "Sí, por supuesto que tienes determinación. ¡Eres mi hijo!"

Vi sus ojos humedecerse y agrandarse con emoción y alivio. Tenía 16 años y estaba preparándose para el ingreso, tomando cursos universitarios completos en el colegio comunitario junto con sus clases de la escuela secundaria. El niño era increíble y tuvo que venir a preguntarme a mi si tenía valor. Este es el tipo de cosas que todos nos hacemos a nosotros mismos.

Cuando era joven, mis metas en la vida habían sido pasar los quince años antes de tener un bebé y graduarme de la escuela secundaria, ya que sería la primera en tres generaciones de mujeres de mi familia en hacerlo. Cuando me gradué de la escuela secundaria, me encontré a los 19 años con

una niña que nació con menos de 1 kg.
de peso a las 24 semanas de gestación. Su
padre, que tenía un problema con la bebida,
y yo decidimos comprar un departamento
juntos, pero ninguno de los dos tenía trabajo
ni dinero, así que encontramos a alguien
que nos dejó usar el piso de arriba de
su bar como apartamento. Mi tía vino y
me ayudó a levantar una pared entre el
baño y la cocina. No fue genial, pero este
lugar estaba cerca del hospital. Podíamos
ver a nuestra hija en la Unidad de Cuidados
Intensivos Neonatales cada 4 horas durante
15 min cada vez, todos los días. Esto
continuó durante 4 meses mientras crecía
y continuaba viva más allá de todas las
expectativas. Aproximadamente a los 4
meses nos dijeron que podríamos llevarla a
casa en 3 semanas. ¿¿Qué?? No podía traerla
a casa. ¿Qué casa? Mi tía estaba ahora en
Alemania con el ejército y mi tío era un
fumador empedernido, algo incompatible
con mi bebé que ya tenía un pulmón
colapsado y no podía estar cerca del humo
del cigarrillo.

No me podía imaginar llevar a mi pequeña bebé a ese desagradable lugar encima de ese bar. No tenía idea de cómo hacerlo o por dónde empezar, pero sabía que tenía que encontrar un mejor lugar para vivir y solo tenía 3 semanas para hacerlo. Tenía un librito que alguien me había dado con los números y lugares de apoyo comunitario. Me senté y comencé a llamar uno por uno a cada número explicando mi situación y preguntando si me podían ayudar o si conocían a alguien que pudiera. Si decían que no, simplemente llamaba al siguiente número.

Después de varios días de hacer llamadas y ser referida a otras personas, encontré a alguien que me recomendó una enfermera de atención médica domiciliaria, y ella sabía de un complejo de apartamentos que aceptaba familias de bajos ingresos o sin hogar. Dado que nuestro apartamento no se consideraba legalmente un apartamento, calificábamos como personas sin hogar.

Hablé con los del complejo de apartamentos a diario durante muchos días para ver si ya tenían alguna vacante. Unos días antes de que mi bebé recibiera el alta del hospital, pudimos mudarnos a nuestro nuevo apartamento. Estaba decidida a no dejar que mi pequeña bebé dejara ese hospital sin un lugar donde vivir después de luchar por su vida durante 4 meses. No sabía nada, y ciertamente no tenía respuestas, pero seguí preguntando hasta que alguien pudiera ayudarme.

Yo estaba determinada. Me tomó todo dentro de mí seguir llamando número tras número y abriendo mi corazón para que terminaran diciéndome que no me podían ayudar, pero no podía permitirme tener demasiado orgullo o rendirme. ¡Tuve que cavar dentro de mí y encontrar esa determinación! Tuve que apretar esa roca en mi estómago y seguir adelante. Todos tenemos eso dentro de nosotros.

No tenemos que estar en una situación desesperada para usarla. Podemos desenterrarla en cualquier momento que la necesitemos. Es un ajuste mental. Es mucho más fácil de encontrar cuando estás enojado/a, harto/a o desesperado/a. Todo el mundo tiene un nivel diferente de desesperación, que se basa en sus experiencias de vida.

Pero no tienes que estar desesperado/a para invocar ese valor dentro de ti. Sin embargo, si recuerdas un momento en el que estabas desesperado/a, podría ser más fácil recordar también ese sentimiento que te hizo luchar por lo que querías o necesitabas en aquel entonces.

Tienes valor y tienes fuerza. No hay nadie en este mundo que salga ileso de esta vida. Nadie sale sin que le rompan el corazón. Has pasado por momentos difíciles. Has sobrevivido. Lo tienes en ti para seguir empujando hacia adelante, tienes esa determinación en alguna parte. A algunos de nosotros nos cuesta más encontrar nuestro valor que a otros. A veces hay que canalizar la ira o alguna otra emoción fuerte, pero todos lo tenemos. Algunos de nosotros tenemos incluso un poco demasiado. Yo podría encajar en esa categoría.

Cuando trabajaba en las tiendas como supervisora por hora, recuerdo que mi gerente de mercado solía llamarle el "fuego en tu vientre".

Le dijo a un compañero de trabajo mío, Marcus, que no lo ascendería porque no tenía suficiente fuego en el estómago. Pensaba que Marcus era demasiado relajado y no tenía suficiente valor. Bueno, eso realmente molestó a Marcus y salió de allí furioso. Supongo que encontró su fuego. Y Marcus terminó siendo ascendido.

Piensa en tu propia vida. Piensa en los momentos en que tuviste que usar tu propio valor para superar algo. Imagina cómo te sentiste. ¿Estabas enojado/a o decidido? ¿Se te apretó el estómago? ¿Sentiste que tu cuerpo estaba más rígido? Te recomiendo que te tomes un tiempo y lo escribas. Ya escribiste sobre tu vida en otro capítulo. Estos tiempos o eventos que te cambiaron la vida. Podría ser algo menos drástico también.

Cuando mi hija estaba en primer grado, iba a ayudar en su escuela. Era una niña tranquila y dulce. Ella no llamaba mucho la atención. Me preocupaba que ella no estuviera aprendiendo. Ella era mi primera hija, y yo no sabía qué estaba mal. Le expresé mis preocupaciones a su maestra, quien también era directora a tiempo parcial. Este era un sistema escolar de muy bajos ingresos, por lo que la rotación de maestros era alta y los niños que llamaban la atención eran todos los alborotadores, había muchos de ellos. En fin, ella me dijo que mi hija estaba bien. Cuando llegó a segundo grado, estaba segura de que había un problema y tomó varios meses lograr que la escuela me escuchara. Tuve que contactar al superintendente. Luché con su escuela durante todo su segundo grado porque insistieron en que estaba bien. No tenía trabajos ni escritura en sus cuadernos. Ella no podía siquiera deletrear. La llevé con un especialista en busca de otra opinión, para que le hicieran una prueba, y nos dijeron que tenía al menos un año de retraso en su aprendizaje. Solicité al distrito que me permitiera trasladarla a una escuela fuera del distrito. Finalmente, en tercer grado, ya en el nuevo distrito escolar, le hicieron una prueba y descubrieron que tenía una discapacidad de aprendizaje.

Esta parte de mi vida no fue tan extrema como algunas de las cosas de años anteriores. Pero igualmente requirió que excavara en mi determinación a fondo para superar esta situación.

Ahora que sabes lo que es la determinación. Deberías poder ver dónde la has usado en tu propia vida. La siguiente parte será mucho más fácil si tienes 2 o 3 historias o momentos específicos en tu vida que puedas recordar y reflexionar cada vez que lo necesites, para mantenerte en marcha. Es fácil para nosotros avanzar en la vida e ir olvidando en el camino el arduo trabajo que hicimos para llegar hasta allí.

Cómo hacer uso de tu determinación.

Hablemos de cómo la recuerdas y cómo la usas. Comenzarás usando tus historias pasadas de cuando empleaste toda tu determinación para motivarte a seguir adelante. Piensa en la sensación que tenías cuando estabas decidido a hacerlo.

Cuando yo pienso sobre la mía, es algo así:

Bloqueo mi mente como si la encerrara dentro de una pared de ladrillos; creo que lo hago para detener todo el diálogo interno y las segundas conjeturas. Luego borro todo de ella, excepto lo que voy a hacer. Empujo todas mis otras preocupaciones e inquietudes a un lado. Puedo sentir físicamente que mi cuerpo se pone rígido y se aprieta como si me estuviera preparando para una pelea. Mi voz se vuelve más sólida y responsable. Camino con poder y motivación, y hago lo que tengo que hacer. Y no pienso en nada más hasta que tengo que hacer mi próximo movimiento.

Puede verse y sentirse diferente para ti, y eso está totalmente bien.

No tienes que estar pasando por momentos difíciles para poner tu valor en uso en tu vida cotidiana. Es una herramienta valiosa que puede ayudarte a superar el miedo al fracaso e incluso mantenerte encaminado/a a medida que tomas nuevos caminos que te resultan inciertos y atemorizantes. Usa ese valor para seguir adelante cuando las cosas se pongan difíciles y te sientas inseguro/a. Recuerda las cosas por las que has pasado y utilízalas para apoyarte mientras caminas por el sendero frente a ti ahora.

Lo interesante de la determinación es que nos resulta tan fácil recurrir a ella para defender a otra persona. Si alguien más necesita ayuda o nos necesita a nosotros, no importa qué más esté pasando, siempre nos hacemos tiempo y espacio para ellos, siempre encontramos fuerzas para defenderlos o apoyarlos. Tengo un amigo que a esto lo denomina "la mamá osa que hay en mí". Otros lo identifican como instinto maternal o paternal nato. Simplemente sale con más facilidad cuando se trata de hacer algo por otras personas, pero es mucho más difícil cuando debemos hacerlo por nosotros mismos.

Por eso, hagamos por nosotros mismos lo que estamos dispuestos a hacer por los demás. Dite a ti mismo/a "¡Voy a usar mi determinación para ayudarme y apoyarme!". El hoy es el mejor momento para empezar a cuidar de ti mismo/a.

Pasos fundamentales para extraer tu determinación y utilizarla

Paso 1: Escribe de 3 a 5 historias de cuando empleaste tu determinación para ti o para otra persona.

Paso 2: Recuerda esos sentimientos, mental y físicamente. ¿Cómo reaccionó tu cuerpo? ¿Cuál fue tu pensamiento en aquellos momentos? Escribe esas cosas.

Paso 3: Identifica lo que está sucediendo en tu vida hoy para lo que podrías usar tu determinación. Haz esa lista. Lo más importante es elegirse uno mismo/a y comenzar a usar tu determinación para el beneficio propio.

Cap. 12: Construyeun sistema de apoyo

Busque mentores, entrenadores y porristas para aprender y apoyarlo en su viaje.

Entrenadoras y animadoras

Pareciera que estás formando un equipo deportivo. Vayamos con la analogía de los deportes por un minuto. Toma un equipo de fútbol, por ejemplo. Tienen muchos entrenadores, todos con diferentes conocimientos que profundizan en diferentes áreas del equipo y del juego.

¡Hasta tienen porristas que mantienen la energía y el entusiasmo entre las grandes jugadas! Necesitas lo mismo para diferentes áreas de tu vida.

Tengo una amiga que es una gran animadora. Su nombre es Ángela, siempre está emocionada con lo que hago y siempre me hace sentir como una supermujer. Me encanta estar cerca de ella y cuando nos despedimos, siempre me siento muy motivada para seguir adelante. Siento que de alguna manera ella me da fuerzas. Todos necesitamos un amigo así.

Se necesita que todo el equipo haga su parte para que el jugador estrella convierta el gol. Siempre eres el jugador estrella de tu vida. Tener apoyo en todas estas diferentes áreas es lo que te ayudará a alcanzar tus objetivos.

Mentores

Alguien me preguntó qué pensaba de los mentores. Bueno, esa es una pregunta capciosa. He tenido muchos mentores que me ayudaron en tiempos difíciles, y me inspiraron a hacer más y a querer más de la vida. Sin tener algo como un sistema de apoyo en mi familia, valoraba tener a esas otras personas a mi alrededor que estuvieran dispuestas a compartir cómo seguir adelante. Sin embargo, no todos fueron geniales. Algunos me dieron malos consejos, algunos se pusieron celosos y abusaron de su poder.

Entonces... "¿Qué pienso sobre los mentores?".

Todos necesitamos mentores y entrenadores. Necesitamos a otros que ya hayan recorrido los caminos por los que estamos trabajando. Necesitamos más de uno, porque cada persona tendrá sus propios prejuicios y opiniones. Necesitas una buena variedad de personas para hacer las preguntas correctas y aprender.

Hay un montón de grandes personas que han hecho cosas notables en el mundo. Podemos aprender sobre el camino de personas famosas al leer sobre él.

Acerquémonos a una perspectiva más próxima: conocerás a diferentes personas todos los días que han hecho cosas geniales e interesantes. Habrá muchas oportunidades para hacerles preguntas y conocer más sobre sus logros. Eso podría incluir a tu familia, como padres, abuelos, tías y tíos, o podrían ser compañeros del trabajo o simplemente alguien que conociste en un ascensor.

A medida que conoces a las personas y te tomas el tiempo para escuchar sus historias, encontrarás mucho que aprender sobre sus experiencias. Necesitas mentores que tengan diferentes perspectivas y diferentes expectativas de la vida.

¿Por qué digo diferentes expectativas de vida? Porque si lo que quieres lograr o hacer es más grande de lo que la persona con la que estás hablando cree que es posible para ti, es probable que sus consejos no te ayuden a conseguirlo. Todas estas diferencias te darán una buena perspectiva mientras trabajas en tus decisiones de vida.

Hay cientos de formas diferentes de llegar al mismo resultado. Todo el mundo es bueno en diferentes cosas, incluyéndote a ti, por lo que no todos van a hacer las cosas de la misma manera o de la forma que tú quieres.

Por ejemplo: cuando decidí redactar este libro, no sabía cómo escribir o publicar uno. Solo conocía a una persona que era un autor publicado: Randy Green, autor de varios libros, el primero de los cuales fue Colorblind. Le hice muchas preguntas y he apreciado su tutoría a lo largo de este proceso.

Me propuse aprender de los demás.

Empecé a decirle a la gente que iba a escribir un libro y me contestaban:

"Oh, conozco a alguien que escribió un libro".

Entonces les preguntaba: "¿Crees que estaría dispuesto/a a reunirse conmigo y compartir conmigo cómo lo hizo?". La mayoría de la gente me decía que arreglarían una reunión para mí con la persona referida.

Así me terminé reuniendo con cerca de 15 personas que habían escrito y publicado libros en poco tiempo. Uno de ellos fue esta increíble mujer que escribe novelas románticas apasionantes, Jeni, cuya serie de libros se llama "Angel Series", siendo "Kellan's Sweet Angel" el primero de ellos. Me contó todo sobre cómo publicó sus tres primeros libros y luego me invitó a unirme a su grupo de escritoras, las escritoras de Village Lake. Ese fue un recurso increíble, y todavía aprendo de esas mujeres mensualmente.

Todas estas grandes personas a mi alrededor están haciendo cosas maravillosas y no lo supe hasta que comencé a preguntar. Sus diferentes opiniones me ayudaron a decidir cómo quería abrirme camino en el mundo de la publicación de libros.

Una excelente manera de encontrar a otros de quienes aprender es preguntarte a quién admiras.

¿A quién conoces que admiras y por qué?

Piensa en eso por un minuto. ¿A quién admiras? No hace falta que sea alguien famoso.

Yo admiro a una mujer llamada Catherine Gates, autora de un libro llamado "La piedra angular de la confianza" y que comenzó una organización sin fines de lucro para ayudar a las mujeres a comprender que son importantes para Dios y que el trabajo de la mujer también es importante para Dios. Es tan hermoso que ella esté compartiendo y ayudando al mundo de una forma tan activa y tan valiente. La invité a que tomara un café conmigo y realmente nos llevamos bien. Luego le pedí un poco más de su tiempo para poder aprender más sobre cómo publicó su libro, y ayudar a su misión de alguna manera. Ella es una mentora maravillosa.

Todas estas personas diferentes siguieron diferentes caminos en su proceso de escritura y publicación. Tenían variadas razones para escribir. También tenían creencias diferentes. Realmente me ayudaron a decidir cómo quería hacerlo. Si sólo hubiera hablado con una persona, me habría sido difícil elegir mi propio camino. En cambio, tomé todos esos consejos y lecciones, y decidí qué era importante para mí y qué era lo más adecuado para mí. Toda esa historia es para otro libro y aún está en desarrollo.

Mentores para diferentes áreas de tu vida.

Mi tía abuela Catie era quien yo consideraba la persona más inteligente de mi familia. Ella siempre parecía tener las respuestas correctas para todo. Junto a su esposo habían ido a la universidad y construyeron una casa. El resto de nuestra familia vivía en la pobreza extrema. Mi tía y mi tío, que me criaron la mayor parte del tiempo, tuvieron seis hijos y cuidaron a mi abuelo en una casa de menos de 300 metros cuadrados que mi abuela les dejó.

Mi tía Catie fue a quien llamaba cuando me estaba convirtiendo en una adulta y necesitaba buenos consejos para afrontar la vida. Ella fue con quien hablé sobre ser mamá y mi carrera, y sobre lo que quería hacer con mi vida. Ella fue con quien hablé sobre la universidad y cuánto dinero quería ganar.

Recuerdo estar sentada en su sala de estar y que ella me preguntara: "¿Cuánto dinero quieres ganar?".

Dije: "No sé. Quiero ganar mucho dinero".

A lo que ella me cuestionó: "¿Cuánto crees que es mucho?".

Respondí entonces: "$30,000 al año"

Continuó explicándome que ella y mi tío ganaban cada uno alrededor de $40,000 al año en sus trabajos y que al menos debería apuntar a $80,000. Fue la única en mi vida que alguna vez tuvo una conversación tan honesta como esa conmigo. Una gran mentora. Durante mucho tiempo en mi joven vida, $80,000 fue mi número mágico. A medida que crecí con mi empresa, llegué a ganar mucho más, pero nunca hubiera llegado tan lejos sin esa información.

También había cosas que habría hecho de otra manera. Se negaba a gastar un centavo en nada, no quería comprar ropa ni un auto nuevo. Todavía tenía un coche sin aire acondicionado. Cuando ella murió, lo primero que hizo mi tío fue comprar un auto nuevo y hablar de cuánto le hubiera gustado hacerlo antes.

Ella falleció cuando yo tenía más de 30 años. Me sentí muy perdida sin su tutoría, durante mucho tiempo.

Recibimos muchas cosas buenas y malas de nuestros mentores.

Encontrarás el adecuado para ti, pero debes fomentar esas relaciones. Llévalos a almorzar o tomar un café y trabaja para agregar valor a su vida también. Sé agradecido/a por su apoyo. Asegúrate de que sepan el valor que están aportando a tu vida.

Un entrenador suele ser más un profesional en su campo.

Cuando deseas alcanzar un gran objetivo, especialmente si ese objetivo está vinculado a las finanzas, tiene sentido conseguir un entrenador. Alguien a quien le pagas para que te ayude a escalar en el campo en el que están. Verás, los atletas siempre tienen entrenadores. Muchas empresas tienen consejeros de negocios. Los ejecutivos tienen entrenadores ejecutivos. Si les estás pagando, te tomas en serio hacer lo que te dicen para alcanzar tus objetivos, y ese tipo de enfoque genera mucho.

Si está motivado/a como yo, es posible que necesites un socio responsable. Tengo una mejor amiga que es súper inteligente y talentosa, y cuando quieres hacer algo, ella es una increíble y responsable compañera. Su nombre es Becca. Ella es como el cruce perfecto entre lo personal y lo profesional. Siempre feliz y orientada a la solución. Es alguien confiable, de esas personas que siempre están 5 minutos antes. Te hace sentir inspirado/a y como si pudieras conquistar el mundo. Hace todas las preguntas que te mantienen en la tarea, enfocado/a y saliendo con una lista clara de tareas pendientes. Cuando tengo algo que siento que es más grande de lo que puedo asumir, ella es mi persona a quien acudir. No acepta excusas, y si no lo haces, bueno, es culpa tuya. Pero ella te amará de todos modos.

Nunca sigas a nadie al 100%. Todavía debes tomar la decisión por ti mismo/a.

Mi hija tenía unos 12 años. Era una buena chica, pero muy impresionable. Iba a un grupo para jóvenes en la iglesia y estaba fascinada con los líderes Ram y Cindy.

Ella pensaba que eran geniales, y quería pasar más tiempo con ellos los viernes por la noche y los fines de semana, para agradarles más. Bueno, yo era una de esas mamás que estaba en su negocio todo el tiempo, principalmente porque donde crecí, la mayoría de las niñas estaban embarazadas a los quince años y quería que mi hija sacara más provecho de la vida que eso. Cuando la dejé en su reunión de grupo del viernes por la noche, mi esposo y yo fuimos a verla.

Resulta que el lugar no era una iglesia en absoluto. Era una sección de un antiguo edificio de almacenamiento. Tenía un área que oficiaba de escenario, con una gran porción de piso abierto. La dejamos quedarse, pero decidimos regresar y buscarla unos 45 minutos antes para que pudiéramos hablar un poco.

Cuando llegamos a recogerla empezamos a preguntar por ella alrededor porque no la veíamos. Parecían un poco nerviosos de que estuviéramos allí, como cuando un niño sabe que va a meterse en problemas. Mientras la esperábamos, empezamos a mirar alrededor; había muchas jóvenes adolescentes acostadas en el suelo con los ojos cerrados, rezando o algo así. Las luces estaban bajas, por lo que apenas se podía ver. Había como áreas de trastienda de algún tipo y de vez en cuando alguien salía de alguna de ellas. No vimos a ningún adulto, así que no estoy segura de dónde estaban. Después de unos minutos mi hija salió de una de esas habitaciones traseras y se sorprendió al vernos, pidió quedarse 30 minutos más y le dije que no, que nos teníamos que ir. Ella ni siquiera discutió, sólo tomó sus cosas e incluso parecía tener prisa por irse. Cuando traté de hacerle preguntas, ella simplemente dijo que estaban rezando. Hasta el día de hoy, todavía no estoy segura de lo que estaba pasando allí, pero mi hija estuvo ocupada todos los viernes por la noche hasta que cumplió dieciocho años.

Estas personas habían sido aprobadas por la escuela y dirigían un grupo de jóvenes de la iglesia después de clases. Mi hija los habría seguido hasta el fin del mundo.

Las opiniones o consejos de alguien más nunca serán más importantes que tu propia voz en tu vida. Al final del día, es tu vida y tienes que vivirla de la mejor manera para ti. Además, cuando te equivocas, eres tú quien sufre las consecuencias. Debes tomar toda la información y elegir el que sea el mejor camino para ti.

Superarás a tus mentores y eso está bien.

Tan importante como tener un mentor es también saber cuándo dejarlos ir. A veces en la vida superamos a nuestros mentores. Llegamos a un lugar donde necesitamos un nuevo entrenador que se especialice en algo diferente. A medida que crecemos, vamos cambiando de opinión y de caminos. Esto no hace que esas personas sean menos importantes para ti. Puedes mantenerlos como amigos. Está bien decidir que alguien ya no es la persona adecuada para ser tu mentor. Siempre debes estar buscando nuevos mentores. Probablemente no vas a tener el mismo mentor a lo largo de toda tu vida.

Recuerdo a la primera persona que me ayudó a entender lo que significaba tener un mentor. Tenía poco más de veinte años y había estado trabajando para esta empresa durante aproximadamente 6 meses. Fue la primera mánager que tuve que creyó en mí.

Me habían aceptado para transferirme a una nueva tienda que estaban abriendo al otro lado de la ciudad. Durante las primeras semanas estuve en el equipo de correas, lo que significaba que estaba con rodilleras en el concreto, vertiendo jabón para platos en los agujeros que los muchachos perforaban con la pistola de perforación para que pudieran clavar las correas para terremotos en el suelo para sostener los pasillos. Fue un trabajo horrible.

Después de 2 semanas de estar en
ese equipo, hizo que el gerente del
departamento de cosméticos me cambiara
a su área, argumentando que era demasiado
inteligente para estar en el equipo de
correas. No me importaba mucho de
cualquier manera. Pero me sorprendió que
ella pensara que yo era inteligente. Ni
siquiera la había conocido bien y, para ser
honesta, me daba un poco de miedo.

Tuvo varias conversaciones conmigo
durante el mes siguiente. Ella pensaba que
yo era inteligente y sintió que yo podía
hacer más. Me ayudó a soñar con mi futuro.
Tenía una visión más amplia y pudo ver un
potencial en mí que yo no podía ver en mí
misma en aquel entonces.

Me ayudó y continuó guiándome a
medida que me convertía en gerente
de departamento y dirigía el centro de
jardinería de mayor rendimiento en todo
el país. Recibíamos cartas, pancartas y
visitas de todas las empresas que fabricaban
suministros para el jardín, diciendo que

éramos los mejores en ventas de su mercancía. Como mentora me dió fuerza e inspiración, y se tomó el tiempo para tener conversaciones difíciles para ayudarme a seguir creciendo.

Una vez vino a mí y me dijo que me daría un aumento y que necesitaba ponerlo en mi 401k. Un 401(k) es un plan de ahorro para la jubilación patrocinado por el empleador que ofrece importantes beneficios impositivos mientras te ayuda a planificar para el futuro. Yo ni siquiera sabía qué era eso. En ese momento yo era una joven madre soltera que ni siquiera tenía dinero suficiente para gasolina o pañales. Seguí su consejo y 20 años después no puedo decirles lo agradecida que estaba por esa tutoría.

Hay muchas cosas maravillosas que aprendí de ella y nunca hubiera tenido tanto éxito si no hubiera entrado en mi vida.

Mientras era joven en mi carrera como asociada y supervisora por hora, y luego cuando fui ascendida a subgerente de tienda, ella fue una gran mentora. Pero a medida que crecí y pasé de asistente de gerente a co-gerente y gerente de tienda, ella no era la mentora adecuada para mí. Como su vida había cambiado de rumbo y la mía también, nos distanciamos. Siempre me entristeció, pero sabía que así tenía que ser la vida.

Los mentores siguen siendo personas, con sus fortalezas y debilidades. Eliges cosas de ellos que quieres seguir y cosas que no. Por ejemplo, mi mentora no creía en las vacaciones ni en tomarse tiempo libre para la familia. Ella era una trabajadora dedicada que se dejaba hasta los huesos en su labor y nunca pedía nada. Eso la hizo alguien de carácter duro y un poco resentida. Aprendí de ella que mis vacaciones y el tiempo en familia eran importantes para mí. Además, el tiempo libre es necesario para sentirte completo, te ayuda a ser sensato y tener buen juicio, además de facilitarte el ver el panorama general. No puedes hacer eso si no tienes ninguna distracción, tiempo para pensar o hacer cosas que te ayuden a relajarte.

Todos necesitamos un sistema de apoyo. Necesitamos gente a nuestro alrededor para seguir adelante. Y dichas personas cambiarán con el tiempo.

Pasos fundamentales para construir un sistema de apoyo.

Paso 1: Busca mentores que tengan conocimientos sobre las áreas en las que estás trabajando.

Paso 2: Decide si necesitas un entrenador o un socio responsable para avanzar en la dirección que estás buscando.

Paso 3: Identifica quiénes son tus animadores y agradécele su apoyo.

Cap. 13: ¿Quién quieres ser?

¿Cómo se ve tu mejor versión?

En este último capítulo te centrarás en quién quieres ser. ¿Qué es lo que quieres? ¿Qué haría tu vida mejor, más fácil, más placentera? ¿Qué tipo de persona quieres ser realmente?

Para obtener las cosas que realmente deseas y hacer avanzar tu vida, deberás dejar de lado el diálogo interno negativo, dejar de lado lo que está ocupando espacio en tu cerebro, tener una relación saludable con el miedo al fracaso, creer en ti mismo/a y estar dispuesto/a a pedir lo que quieras.

Ser tu mejor versión no sucederá de la noche a la mañana. Será un proceso paso a paso. Serán las pequeñas cosas todos los días las que te llevarán allí.

Proyéctate hacia el futuro.

Cierra los ojos y respira hondo. Inhala y exhala lentamente. Luego imagina en tu cabeza cómo se ve tu mejor versión.

La primera vez que yo hice esto me irritó. Podía verme a mí misma gritando "¡No lo sé!". ¿Lo mejor de mí misma? Ni idea.

Está bien, respira. Sí, tú puedes. Ahora, de verdad, abre tu mente. Puedes hacer cualquier cosa. Piensa en a quién se parece tu mejor versión y luego agrega un poco más. Sal de tu zona de confort y visualiza un poco más, hasta el punto en que te sientas avergonzando de tus propios sueños. Solo sueña por un minuto. Proyéctate como tu yo futuro, dentro de tres años.

- Si pudieras hacer cualquier cosa en el mundo, ¿qué sería?

- ¿Quieres ser maestro, médico o bombero?

- ¿Quieres servir a tu país en el ejército?

- ¿Quieres escribir un libro o iniciar una línea de ropa?

- ¿Quieres conseguir un mejor trabajo, ganar más dinero?

Ya te conté mucho sobre mí queriendo ser gerente de una tienda minorista. ¿Cómo es el éxito para ti hoy? Eso cambiará con el tiempo. Escuchaste historias mías sobre cuando era joven y el éxito era, para mí, graduarme de la escuela secundaria. Luego, a medida que crecí, quería ser gerente de tienda. Hoy quiero ser la autora de un libro de desarrollo personal motivador que realmente agregue valor a la vida de las personas. Y eso también cambiará con el tiempo.

- ¿Dónde vivirías?

- ¿Con quién vivirías?

- ¿Qué tipo de relaciones tendrías en tu vida?

- ¿Dónde trabajarías?

- ¿Qué tipo de casa te gustaría tener?

- ¿Qué tipo de auto conducirías?

Para ser tu mejor versión necesitas tener claro lo que realmente quieres. Espero que este libro te ayude a obtener claridad sobre tus objetivos y los pasos para llegar allí.

Ahora, piensa en cómo sería un día en la vida de tu mejor yo. Comienza sus pensamientos con "Soy, hago, vivo, manejo".

¿Cómo sería un día ideal en la vida para mí?

Vivo en un elegante apartamento estilo centro turístico en el medio de la ciudad con mi esposo. Conduzco un nuevo Ford Bronco azul de tamaño grande. Soy la fundadora y CEO de una empresa multimillonaria sólida y exitosa que es mía y sobre la que tengo el control. Puedo interactuar con mis lectores de mi libro más vendido según el New York Times, para poder escuchar sus historias y animar sus logros. Comienzo mi día con una taza de café perfecta y paso un par de horas dedicándome a mi próximo libro con mi pequeño perro pug acurrucado a mi lado. Luego me preparo para la conferencia de negocios en la que hablaré después del almuerzo. Tengo grandes amigos que me apoyan, con los que almuerzo con regularidad. Más adelante en la tarde, pasaría un rato en el campo de tiro con mi hijo practicando para nuestro próximo evento competitivo de tiro durante el fin de semana.

Tómate un tiempo para soñar sobre tu día ideal en la vida.

Hemos repasado cómo sería tu vida por fuera, ahora hablemos de quién quieres ser por dentro.

¿Cómo se ve tu mejor versión por dentro? ¿Eres amable? ¿Muestras compasión a los demás? Aquí hay cosas en las que pensar mientras decides quién quiere ser.

Lo que das, vuelve, así que trata a los demás como quieres que te traten a ti.

No puedes controlar a los demás, sólo puedes controlarte a ti mismo/a. Si arrojas cosas malas al universo, vuelven a ti. Si actúas como un imbécil con alguien, te derramarás el café encima o chocarás tu auto al querer estacionar en reversa. Cuando estás volcando negatividad, esa negatividad regresará a ti. Va en ambos sentidos. Cuando le sonríes a alguien, haces que te devuelva la sonrisa. Cuando emites vibras positivas, cosas positivas vuelven a ti. Alguien podría invitarte a un café, sujetarte la puerta o dejarte pasar primero en el tráfico pesado. Cuanta más bondad y posibilidades pongas en el mundo, más recibirás. Lo que se siembra, se recoge. Sabiendo que esto es real, es fácil entender por qué tratarías a los demás como te gustaría ser tratado.

La bondad ayudará a tu corazón.

Cuando era gerente de tienda, me ascendieron en octubre y la Navidad estaba a la vuelta de la esquina. Yo era una persona bastante positiva, pero ese año los asociados en mi tienda estaban muy malhumorados y no estaban siendo amables entre ellos. Al año siguiente tuve las cosas más bajo control y nuestra tienda recibió a algunas familias para Navidad. También nos unimos a otras tiendas e hicimos cosas divertidas para nuestra comunidad. Nos vestimos como duendes y recorrimos una escuela de necesidades especiales, y mis asociados estaban muy felices, llenos de buena voluntad y de espíritu navideño. No podía creer la diferencia. Nunca pasamos otra Navidad sin acercarnos y retribuir a nuestra comunidad.

Si no se siente bien, probablemente no lo esté.

Mientras trabajas para ser tu mejor versión, aquí hay algunas cosas que debes tener en cuenta. Si no se siente bien, probablemente no lo esté. Confía en tu intuición y tus instintos. Presta atención a tus alrededores. Las personas que te rodean tienen todo tipo de oportunidades para que te apoyes, hagas cosas con ellas y aprendas de ellas. También presta atención a las personas a las que no quieres parecerte y aprende de ellas por igual.

Ten en cuenta que estás trabajando para ser tu mejor versión por y para ti mismo/a. Importa lo que estás haciendo, especialmente lo que haces cuando nadie te está mirando.

Vas a tener que dejar los errores o fracasos del pasado atrás y desafiarte a ti mismo. Vas a crecer y probar cosas nuevas. Vas a intentar cosas que probablemente no van a funcionar. (Como cuando pensé que sería genial aprender a bailar la danza del vientre. ¡No tanto! Después de meses no era mejor que cuando empecé.)

Veamos cómo se ve tu mejor versión por dentro.

- ¿Cuáles son sus puntos fuertes?

- ¿Cuáles son sus debilidades?

- ¿Qué le da satisfacción mental?

- ¿Cómo habla con los que amas?

- ¿Se acerca a los demás?

- ¿Está alentando a otros?

- ¿Se esfuerza por apoyar a otras personas?

- ¿Está consumido con sus propias metas e ignora qué más está pasando en el mundo?

- ¿Cómo muestra amor hacia el mundo?

- ¿Pasa el día hablando de los demás de forma negativa?

Ahora recuerda que no puedes cambiar el pasado, así que no lo intentes. Has pensado en cómo se ve tu "Día ideal en la vida" desde el exterior.

Ahora pregúntate, "¿cómo se ve mi mejor yo por dentro?".

"¿Qué tipo de persona quiero ser?".

Aquí hay un ejemplo de mi mejor versión, para mi:

Trabajo para ser mi mejor yo todos los días. He descubierto que necesito darme tiempo para hacer cosas que llenen mi espíritu. Cuando estás haciendo cosas que te hacen sentir bien contigo mismo, influye en cómo te acercas al mundo.

Déjame compartir cómo se ve eso para mí y tal vez eso te inspire. Solo recuerda que todos somos diferentes. El tuyo será completamente diferente al mío.

Aquí va... Mi mejor versión está aprendiendo y creciendo todo el tiempo. Hace las cosas de corazón. Quería ser un miembro significativo de mi comunidad, así que me uní a mi Club Rotario local y comencé a ayudar a mi comunidad. Trabajo para construir relaciones duraderas y prósperas. Mi mejor versión tiene mucho de ser una persona que apoya a los demás y ayuda a elevar a las personas que la rodean. Especialmente a otras mujeres.

Verás, vengo de más de diecisiete años en la América corporativa y soy consciente de que nos hicimos todo tipo de cosas desagradables entre nosotras como mujeres fuertes. Apoyarse unas a otras no era algo que se enseñara o practicara. Solía ser una de esas mujeres que era capaz de destrozar a otras mujeres, usando excusas como "simplemente no me llevo bien con las mujeres".

Para ponerlo en términos más simples, sería una persona genuinamente agradable.

Quería sentirme fuerte y orgullosa, así que aprendí a disparar un arma de fuego. Decidí escribir un libro. Necesitaba hacer ejercicio y la actividad física me hizo sentir mejor y más tranquila, además de confiada.

Ahora te volveré a pedir una vez más que lo escribas.

¿Cómo se ve tu mejor versión para ti?

¿Qué imagen muestra?

¿Hay algo que quieras hacer diferente en tu vida para ser tu mejor versión?

Es posible que sólo puedas pensar en una o dos cosas. Es posible que te cueste ver la imagen completa aún.

Si ese es el caso, comienza con lo primero que se te ocurra.

Haz algo que te haga sentir que estás dando lo mejor de ti mismo/a.

Estate atento al Monstruo Verde. Como comentamos, puede guiarte a lo que realmente quieres.

Se necesita tiempo y práctica para no reaccionar ante los demás por celos. Una de las mejores maneras de hacerlo es intentar actuar tu mejor versión. Empieza mentalizándote en que tendrás por delante un día genial.

· Haz algo hoy que te haga sentir orgulloso/a.

· Haz algo que te haga feliz.

Eso podría ser cualquier cosa: plantando una flor, limpiando tu habitación, haciendo tu cama, ordenando tu escritorio, dar un paseo con tus hijos, hacer algo con tu papá. Haz algo que te importe, que sea significativo para ti y te haga sentir contento/a con la persona que eres.

Hemos discutido en este libro todo tipo de cosas que nos retienen y limitan.

Pregúntate entonces: "¿Qué me impide ser mi mejor versión?".

Trabaja duro y concéntrate en identificar cuáles son esas piezas que te están frenando. Haz las pases con ellas para que puedas concentrarte en lo que realmente quieres hacer con tu vida. Este podría ser el momento en que regreses a un capítulo anterior, en los que reflexionaste sobre aquello en que deseabas trabajar, lo revises nuevamente y tal vez incluso leas otro libro que aborde esa cuestión en específico.

Pasos fundamentales para ser tu mejor versión

Paso 1: Imagina y escribe quién quieres ser. Piensa en lo que quieres en este mundo y en cómo quisieras ser por dentro.

Paso 2: Elige una cosa para comenzar. Y lo más importante, ACTÚA sobre eso. ¡Hazlo!

Paso 3: Haz algo amable.

Epílogo

¿Qué viene después?

- *"Move: Pivotal Solutions for Your Life"* se publica en inglés, español y japonés.

- Estén atentos a los próximos lanzamientos de Windy Elstermeier:

- *"Ahorra: soluciones fundamentales para tus finanzas"* y *"Planifica: soluciones fundamentales para tu futuro"*.

Palabras Finales

Mi pedido para ti

¡Por favor, comparte lo que encontraste valioso en este libro! ¡Me encantaría saber de ti!

• Envíame un correo electrónico a windy@pivotalsolutions.co

• Regala un libro a un amigo, familiar, colegaa o aprendiz.

• Compra este libro para tu equipo o grupo.

• Escribe una reseña en la plataforma en la que lo compraste.

• Encuéntrame en Instagram como @pivotalsolutions4u

• Encuéntrame en Facebook en PoivtalSolutionsAR https://www.facebook.com/PivotalSolutionsAR/

• Ayúdame a llevar este libro a Oprah.

• Ayúdame a que sea incluído en la lista de Los Más Vendidos del New York Times.

• Dame la oportunidad de presentarme a hablar con tu grupo. Envíame un correo electrónico a windy@pivotalsolutions.co

Reconocimientos y Agradecimientos

Reconocimientos y Agradecimientos

A todos los que me ayudaron y apoyaron a través de la escritura y publicación de mi primer libro. ¡Fue un gran impulso y no podría haberlo hecho sin cada uno de ustedes!

A mis amigos de la comunidad Networking que me inspiraron a escribir este libro. A Melody Taylor, fundadora de Go Near Ministry (go-near.org), quien fue la gota que derramó el vaso y me hizo comenzar. A mi querido amigo Roger Elsheimer que me leyó, editó y animó. A mi autora amiga Jeni, a quien conocí después de que comencé a escribir y ha sido un gran sistema de apoyo a través de este proceso, incluyendo ser una lectora y editora temprana. A mi colega, Rachel Korpella, propietaria de Korpella Design (https://korpelladesign.com/), quien diseñó la portada del libro y sigue aportándome sus ideas para la planificación de otros cuatro libros más. A mi coach y amiga Becca, quien manejó el proyecto hasta la línea de meta, fue una de las primeras lectoras y me impulsó a querer acercarme a Oprah y a la meta de disparar para el éxito de ventas del New York Times. A Randy Green y Catherine Gates, quienes fueron mis mentores durante todo el año. A mi amiga Angela Horton, quien fue mi animadora todo el tiempo y me empujó a asegurar mis primeros eventos de promoción de libros. A Martha Londagin, quien me apoyó y animó ferozmente. A mi buena amiga Libby, que me escuchó hablar sobre mi libro todas las semanas durante un año y todavía me amaba lo suficiente como para ejecutar mi campaña en las redes sociales. A mi amigo Jeremy, que me conoce desde que tenía 12 años y siempre ha sido un apoyo e influencia positivos. A Christal Dixon, quien tenía reuniones de escritura semanales conmigo. A Nidhi, propietario de Nids Creations, que me tomó las fotos más asombrosas. A mi Rotary Club que me apoyó y animó en cada paso del camino. Al grupo de escritores de Village Lake que me enseñó muchas cosas sobre la escritura y la autoedición. A la plataforma Upwork en upwork.com, que proporcionó una fuente para satisfacer todas mis necesidades a lo largo de mi viaje de escritura junto con mi editor final, Sathammai Somasundaram, y Jessica McNellis, que editó los servicios de traducción de libros e idiomas de Paula Dip, quien realizó esta traducción al español. Gracias también al desarrollo profesional y fuerza laboral del campus global de la Universidad de Arkansas, que me permitió usar su sala de podcasts para grabar mis audiolibros. A Atticus, el mejor amigo de un autor, sin el cual quizás nunca hubiera terminado. A mi hija Brittany, quien me llamó y me mostró mucho amor y apoyo a lo largo de esta travesía. Y, sobre todo, a mi esposo Scot, mi hijo Noah y mi perro Pixel, quienes se acostaron a mi lado durante cada sesión de escritura.

Testimonio de la lectora

"Tuve la suerte de encontrarme con este libro en un momento en que lo necesitaba mucho. Soy una persona que la ha tenido muy difícil: desde una situación económica familiar difícil, una lucha contra el cáncer siendo yo aún muy joven que paró los relojes para mi en la vida durante varios años hasta que logré vencerlo (y sé que fui de las afortunadas), el fallecimiento temprano de mi papá, que me obligó a quedarme a cargo de mantener una casa, a dos hermanos menores y a una madre enferma sin contar con los medios para hacerlo. Mi vida entera es un sinfín de períodos intermitentes en donde siempre ha predominado el miedo y la ansiedad por el futuro incierto. *"Muévete"* se sintió como una charla como una buena amiga. Está escrito de manera simple, directa y honesta, con un tono verdaderamente positivo y esperanzador. Me ayudó a re-evaluar muchas cosas de mi misma, me dió el empuje necesario para hacer muchos cambios y por primera vez me estoy enfrentando a la vida con una actitud más positiva y asertiva. Siento que el mensaje más destacable es "si otros pudieron, tú también puedes; hay lugar para ti, hay lugar para todos". Se lo recomendaría en especial a todos los que en este momento están luchando para salir adelante y tratando de encausar sus esfuerzos sin perder la fé en sí mismos. Le agradezco mucho a Windy por compartir su historia de vida y la experiencia nacida de ello".

Paula Medina, de Argentina.

Sobre la Autora

¡Dicen que los 40 son los nuevos 20 y estoy viviendo mi mejor vida!

Tuve una carrera increíble en una compañía de prestigio que me elevó de ser una empleada por hora a una empresaria increíble. Pasé a desarrollar una variedad de formatos y mercados emergentes en más de 800 ubicaciones en los EE. UU. He tenido la oportunidad de ayudar a desarrollar talentos increíbles y apoyar a otros mientras crecían más de lo que jamás soñaron.

Tengo una fuerte brújula moral y me esfuerzo por tener relaciones duraderas y prósperas. Me encanta lo que hago, ya sea conocer gente nueva, ser pionera en un proyecto empresarial, viajar con mi familia o tomar mi café matutino. Ah, y estoy muy orgullosa de haber enseñado a mis dos hijos cómo ahorrar dinero y ser grandes cocineros (mi hijo hace una lasaña increíble).

Mi empresa, Pivotal Solutions LLC, trabaja para inspirar y motivar a otros a ser poderosos en su propio espacio. Como entrenadora de negocios, trabajo con las personas donde están, descubro lo que necesitan y me presento preparada para agregar valor a sus vidas.

También estoy escribiendo un libro para ayudar a inspirar y motivar a otros a salirse de su propio camino y lograr sus sueños.

Estoy muy agradecida de tener una familia maravillosa.

Mi esposo y yo tenemos una hija adulta y un hijo que va a la universidad. Tenemos dos perros pugs rescatados, Pixel y Whiskey. Nos gusta viajar a cualquier lugar que tenga mucho para hacer. Somos grandes adictos a los parques temáticos. Universal Studios es uno de nuestros favoritos, ya que continuamos regresando año tras año. También disfrutamos de la cultura, como el Museo de Ciencia e Industria de Chicago y el mercado de Pike Place en Seattle. Esperamos viajar internacionalmente en el futuro. Mi esposo, con quien llevamos 20 años juntos, es un gran entusiasta y quiere probar la mejor comida local donde quiera que vayamos. Disfrutamos apoyando a nuestra comunidad local. El otoño es nuestra época favorita del año con colores tan hermosos y buen clima.